JN061065

# 会社が
# 知っておきたい

# 補助金・助成金の
# 活用&申請ガイド

税理士・社会保険労務士・CFP®
## 中島 典子 著

**ステージに合わせて
活用できる!!**

起業
新ビジネス
事業再構築

販路開拓
海外展開

人材開発
デジタル人材
キャリアアップ

IT・DX
ものづくり
生産性向上

若者・女性
シニア
障害者
活用

省エネ・脱炭素
インボイス対策
資金調達

事業承継
M&A

働き方改革
両立支援

一般財団法人 大蔵財務協会

# はじめに　DX時代の経営力強化に活かす！補助金・助成金

　経理のデジタル化・DX、デジタル人材の育成…。企業が今後の時代もさらに発展継続するためには、対応が必須な課題ばかりです。

　2023年10月いよいよインボイス制度が開始します。待ったなしのインボイス制度、さらに電子帳簿保存法の電子取引の義務化対応など、企業がかかえる問題は喫緊のものばかりです。当然、その対策にはコストもかかります。

　補助金・助成金は、経営戦略の一つの選択肢です。経営資源であるヒト・モノ・カネ。補助金・助成金はこのうち「カネ（資金）」に相当するものですが、単に資金であるだけでなく、新技術の機械などモノを導入し、かつ、ヒト（人）のより良い働き方や人を活かす・人を支援するために活用できるものでもあります。

　資金は会社の血液であり経営を支える重要な要素ですが、資金の調達方法は何も出資や融資だけではありません。その一つが補助金・助成金ですが、一口に補助金・助成金と言っても、創業・起業で活用できるもの、雇用、社員研修、研究開発などと多種多様に活用できるものが満載です。

　つまり、補助金・助成金を積極的に活用することは、自らの資金だけで頑張るのではなく、より早く、確実に事業を実現できるように応援してもらえることなのです。

　しかも、補助金・助成金を積極的に活用する意識を持つメリットは、資金の面だけに限りません。活用を通じて、事業計画がより明確になる、社内の労務環境が整うことにも繋がります。

　しかし、どの補助金・助成金がよいか？　情報はどこから得るか？　申請期限はいつか？　自分で申請できるか？　どこに相談すればよいか？　など、実際申請するまでには手続きもわかりにくいという難点があります。

そこで、本書は初めて補助金・助成金にチャレンジする方でもわかりやすく、経営者や起業される方、人事・総務・経理担当者の方々が日常業務の中で、また士業の方が相談業務の中で、いつでも手軽に使えるハンドブックとしてまとめました。

　なお、補助金は経済産業省の補助金を、助成金は厚生労働省の助成金を中心によく活用されるものを主に解説しています。

　本書は、平成29（2017）年の初版発行より読者の皆様からご好評を賜り、おかげさまでこの度「令和5年度版」を発行することができました。本書が補助金・助成金を活用される皆様の益々の事業発展の一助になれば幸いです。

　本書の出版にあたり、大蔵財務協会の出版編集部の皆様には多大なご尽力を賜りましたことに、心より感謝申し上げます。

　2023年6月

税理士・社会保険労務士・CFP®

中島　典子

# 目 次

# 第4章 「人」を活かす！助成金

# 第5章　補助金の採択例・不採択例

## 本書の活用方法について

　本書は2023年4月時点で公表されている情報をもとに、補助金・助成金の活用の第一歩として制度概要のポイントをまとめています。制度の詳細につきましては、問い合わせ先等でご確認くださいますようお願いいたします。

　また、執筆時点で詳細情報が公表されていない制度や、新年度以降内容等が変更になるもの、新たに公募されないもの等があります。申請時点で制度変更になる場合もありますので、必ず公募要領等で内容をご確認ください。

## 令和5年度制度改正〜インボイス制度対策に活かす補助金〜

2023年10月から始まる「インボイス制度」対策に活かす補助金として、IT導入補助金と小規模事業者持続化補助金（持続化補助金）があります。

インボイスをデジタル化するためのITツール導入は「IT導入補助金」で、免税事業者が課税事業者に転換する際の販路開拓には「持続化補助金」が活用できます。

インボイス制度導入で「請求書」が変わります。従来の請求書に登録番号などの追加の情報を入れたり、取引先から受け取る請求書が本当にインボイスとして認められる請求書かどうか確認する必要もあります。

そこで、経理のデジタル化の第一歩として、請求書からはじめてみてはいかがでしょうか。システム導入には初期費用だけでなく、バージョンアップなどの継続コストが必要です。補助金を活用することで、自己資金の持ち出しをおさえることができます。

| 継続して課税事業者 | インボイス制度開始から免税事業者から課税事業者へ転換 | 免税事業者を継続 |
|---|---|---|

**IT導入補助金（P.56参照）**
ITツール（会計ソフト、受発注システム、決済ソフト等）
PC・タブレット・レジ・券売機等機器の導入支援

**小規模事業者持続化補助金（持続化補助金）（P.42参照）**
販路開拓等支援

**インボイス特例**
免税→インボイス発行事業者への転換者のみ一律50万円加算（最高250万円）
税理士等への相談費用も含めた販路開拓等を支援

# 第1章

## 使える！補助金・助成金活用シート

# 1 補助金活用シート

どのような補助金が活用できるか、取組みの一歩にご活用ください。

- ☐ 中小企業に該当する（P.29）

  業種＿＿＿＿＿＿＿＿＿＿＿

  資本金・出資金＿＿＿＿＿＿＿＿＿＿万円

  労働者数 ＿＿人（内 正社員 ＿＿人 パート ＿＿人 アルバイト等 ＿＿人）

- ☐ 中小企業に該当しない

- ☐ 正社員が1名以上在籍している（代表者・役員を除く）

- ☐ 労働保険（労災保険・雇用保険）に加入している

- ☐ 雇用保険被保険者数 ＿＿人（正社員 ＿＿人 パート ＿＿人 その他 ＿＿人）

- ☐ 社会保険（健康保険・厚生年金）に加入している

- ☐ 事業計画を作成している

- ☐ 資金計画を作成している

- ☐ 金融機関から融資を受けている

  融資残高＿＿＿＿＿＿万円 返済完了＿＿＿＿年＿＿月

| 検討・活用事項 | | 補助金 | ページ |
|---|---|---|---|
| 起業・創業したい | ➡ | 創業助成事業 | 38 |
| 商店街で新規開業したい | ➡ | 商店街起業・承継支援事業 | 40 |
| 新たな販路拡大をしたい | ➡ | 小規模事業者持続化補助金 | 42 |
| 新分野展開や業態・業種転換等で規模の拡大を図りたい | ➡ | 事業再構築補助金 | 52 |
| インボイス制度対策として経理デジタル化をしたい | ➡ | IT導入補助金 | 56 |
| インボイス制度導入で販路開拓したい | ➡ | 小規模事業者持続化補助金 | 42 |
| 試作品開発、生産性向上を図りたい<br>ものづくり補助金にチャレンジしたい | ➡ | ものづくり補助金 | 46 |
| ＩＴツールを活用して生産性向上を図りたい | ➡ | IT導入補助金 | 56 |
| 事業を承継して、新事業を展開したい | ➡ | 事業承継・引継ぎ補助金 | 61 |
| 自社ブランドを作りたい | ➡ | ものづくり補助金 | 46 |
| 世界に通用するブランド力で海外に販路拡大したい | ➡ | ものづくり補助金 | 46 |
| 省エネ設備を導入したい | ➡ | 先進的省エネルギー投資促進支援事業費補助金 | 67 |
| 災害復旧をしたい | ➡ | 中小企業等グループ補助金 | 64 |
| 元請の移転等による受注減対策を図りたい | ➡ | 下請かけこみ寺事業 | 70 |
| 経営計画、補助金申請の支援を受けたい | ➡ | 支援事業 | 70 |
| つなぎ資金を調達したい | ➡ | 自治体の融資制度<br>日本政策金融公庫の融資制度 | 73<br>75 |

# 2 助成金活用シート

　助成金は正規雇用1人（代表者・役員以外）から、業種を問わず受給可能なものがあります。

☐ 中小企業に該当する（p.29）

　　業種＿＿＿＿＿＿＿＿＿＿

　　資本金・出資金＿＿＿＿＿＿＿＿万円

　　労働者数　＿＿＿人（内　正社員　＿＿＿人　パート　＿＿＿人　アルバイト等　＿＿＿人）

☐ 中小企業に該当しない

☐ 正社員が1名以上在籍している（代表者・役員を除く）

☐ 労働保険（労災保険・雇用保険）に加入している

☐ 雇用保険　被保険者数　＿＿＿人（正社員　＿＿＿人　パート　＿＿＿人　その他　＿＿＿人）

☐ 社会保険（健康保険・厚生年金）に加入している

☐ 労働保険料を適正に納付している（滞納なし）

☐ 労働関係諸法令を遵守している

☐ 過去5年間助成金の不支給決定や支給決定取消しを受けていない

☐ 過去6カ月間会社都合による退職者はいない

| 検討・活用事項 | | 助成金 | ページ |
|---|---|---|---|
| 新規に労働者を雇用したい | ➡ | トライアル雇用助成金 | 84 |
| 高齢者・母子家庭の母を雇用したい | ➡ | 特定求職者雇用開発助成金 | 86 |
| パート等の処遇改善をしたい | ➡ | キャリアアップ助成金 | 109 |
| デジタル人材の育成のために正社員やパート等の教育訓練をしたい | ➡ | 人材開発支援助成金 | 112 |
| パート等から正社員に登用したい | ➡ | キャリアアップ助成金 | 109 |
| 中途採用者や東京圏からの移住者を雇用したい | ➡ | 中途採用等支援助成金 | 93 |
| 障害者を雇用したい | ➡ | 特定求職者雇用開発助成金 | 98 |
| 障害者に職場支援員を配置したい | ➡ | 障害者介助等助成金 | 99 |
| 仕事と家庭の両立支援をしたい（出産・育児・介護） | ➡ | 両立支援等助成金 | 115 |
| 賃金の引き上げを検討したい | ➡ | 業務改善助成金 | 128 |
| 経営の悪化で休業、従業員の教育訓練や出向を検討したい | ➡ | 雇用調整助成金 | 123 |
| コロナによる一時的な事業縮少を在籍型出向で雇用維持したい | ➡ | 産業雇用安定助成金 | 125 |
| 定年引上げ・定年廃止を検討したい | ➡ | 65歳超雇用推進助成金 | 107 |
| 45歳以上を初めて雇用したい | ➡ | 中途採用等支援助成金 | 93 |

# 第2章

## まるわかり！
## 補助金・助成金

# 1 補助金とは？ 助成金とは？

　補助金・助成金は、会社や事業主がやりたい事業、チャレンジしたい事業を国等が資金面から応援してくれる「返済不要の公的なサポート支援金」です。

## 補助金・助成金は「公的なサポート支援金」

　補助金・助成金と名のつくものには国・地方自治体・財団など様々なものがありますが、一般に補助金と言えば経済産業省の補助金、助成金は厚生労働省の助成金がよく活用されています。

　国には施策があります。この施策の目標を達成するためには、実際に会社や事業主に目的に合った事業に取り組んでもらわなければなりません。そこで、資金の後押しをすることで実施を促します。補助金・助成金は、このような目的に合った事業に取り組む事業者を応援サポートする支援金です。

## 補助金・助成金は「返済不要のお金」

　補助金・助成金は、国等からもらえる「返済不要のお金」です。ただし、補助金の交付を受けた事業に収益が生じた場合は、返納しなければならないこともあります（収益納付）。

## 補助金・助成金はいつ・どのくらいもらえる？

　補助金・助成金には、創業・起業時の費用、新たなWEBサイトや販促チラシのポスティング費用、展示会出展、研究開発、ＩＴツール（ソフトウエアやサービス等）、正社員の教育訓練や研修制度、契約社員から正社員化へのキャリアアップなど、申請できる条件やもらえる時期もさまざま

です。金額も一般に補助金の方が助成金よりも高額で、数千万円もらえるものもあります。

## 補助金・助成金の違い　～補助金は助成金よりハードルが高い

　補助金は公募制で審査がありますが、助成金は条件を満たせば受給できます。つまり、助成金は基本的に要件が合えば受給できるのに対し、補助金はたとえ条件を満たしていても、「採択」＝選ばれなければなりません。補助金の方が、助成金より受給できるハードルが高いこと、予算によっては受給できないこと、いつでも公募があるとは限らないこと、申請期間も公募から短期間であることなども気を付けたい点です。

## 補助金・助成金の財源はどこから？

　主に、補助金の財源は税金、助成金の財源は雇用保険料です。つまり元々は会社や事業主が自分で負担したお金です。活用しなければもったいないとも言えますが、補助金・助成金を活用するかどうかは、会社や事業主の選択制です。メリット・デメリットをよく理解した上で補助金・助成金を検討されるとよいでしょう。

## 申請しなければ、採択もされない

　補助金も助成金も、申請しなければ採択もされません。補助金・助成金を有効に活用するなら、まず情報収集からはじめましょう。

　助成金を申請する場合、事業主には助成金ごとの要件の他、厚生労働省の助成金の中には次のような共通条件があります。

---

**参考**　**事業者の条件**

・雇用保険適用事業所の事業主である（雇用保険被保険者が存在）

・申請期間内に申請を行う

・審査に協力する

---

- ・審査に必要な書類等を整備・保管している
- ・管轄労働局等からの審査に必要な書類等の提出の求めに応じる
- ・管轄労働局等の実地調査を受け入れる　など

**参考　受給できない場合**

- ・支給申請の前年度より前の労働保険料を納入していない
- ・支給申請日の前日から過去 1 年間労働関係法令の違反がある
- ・不正受給につき事業主名等の公表についての事前同意がない
- ・不正受給後 5 年以内　　など

## 補助金・助成金は「後払い制」

　通常、補助金・助成金は事業完了後の「後払い制」です。事業完了まで自己資金だけでは難しいことや補助金や助成金自体が受けられないこともあります。そのため、融資制度（P.73～82参照）を知っておくことは、補助金・助成金チャレンジに欠かせないリスク対策です。

## 融資との違い　～「融資＝借金」である

　「融資＝借金」です。融資は元金だけなく、利息も支払わなければなりません。返済不要の補助金や助成金に比べると、会社の資金繰りに与える影響はかなり違ってくるでしょう。

　単に融資と言っても担保、保証人、返済期間、利率、利子補給の有無など条件は異なります。小規模事業者対象の融資の一例ですが、保証人・担保不要で最高 2,000 万円までの低利融資制度（P.76「マル経融資」参照）があります。どの資金調達方法を選ぶか、できるだけコストを下げるにはどうするか、どの金融機関とお付き合いをするかなど、「融資を選ぶ」こ

とも補助金・助成金チャレンジには欠かせない事前準備の一つです。

## どの資金調達法を選ぶかでコストが違う

　資金調達の方法は一つではありません。出資、融資、補助金・助成金など、どの方法を選択するかは会社の判断によりますが、その選択によっては、将来の経営に大きな差が生じる可能性があります。資金調達にどのくらいのコストがかかるのか、それは何年続くのかなど、調達前にはシミュレーションをして比較しておくとよいでしょう。

## 補助金の申請は短期間、申請書類はスピーディーに準備

　補助金は、通常公募開始から締切りまでの期間が短期間です。そのため公募開始から準備をするのでは間に合わないこともあります。そこで、過去の公募書類や採択事例を参考に、できる準備は進めておきましょう。

## 自己負担が先、持ち出しあり

　補助金・助成金は、良いことずくめではありません。「先に払ってから、もらう」──これが基本です。また、一般に補助（助成）割合は100％ではありません。事業に必要な資金全額がもらえるわけではないため、自己負担分と入金までの資金繰り対策は慎重にしましょう。金融機関からのつなぎ融資も必要になります。

## 補助金・助成金の不正受給

　補助金の不正受給は、厳正に対処されます。不正の手段により補助金の交付を受けた場合、5年以下の懲役や100万円以下の罰金、不正の内容に応じて、補助金の交付決定の取り消しや返還命令、不正の内容等の公表といった処分が行われることがあります。

　助成金についても同様です。実際に助成金を受給しなくても、実態と異なる申請をするだけで不正受給となります。不正受給が明らかな事業主に

ついては不支給決定を行い、助成金の返還の他事業主名等が原則公表され、雇用関係助成金について5年間の不支給措置となります。また、不正の内容によっては事業主が告発され、5年以下の懲役または100万円以下の罰金に処せられることがあります。

## 2 補助金と助成金のメリット・デメリット

　補助金と助成金にはメリット・デメリットがあります。補助金・助成金それぞれの特徴をよく理解することは、採択・受給への第一歩です。

### メリット

- ・返済不要（収益が生じた場合には、返納することもある：収益納付）
- ・収益と同様の効果が得られる
- ・事業計画がより明確になる
- ・就業規則や諸規程、人事評価制度などの社内整備が進む
- ・採択企業として、社外へのPR効果も期待できる　など

### デメリット

- ・申請が必要（そのための社内整備や書類の準備も必要）
- ・必ず採択されるとは限らない（採択されない場合の検討も必須）
- ・まず先払い（入金が1年以上先になることもある）
- ・全額交付されるわけではない（自己負担部分がある）
- ・即時に事業実施や設備導入はできない（導入に余裕が必要）　など

### 補助金・助成金・融資の比較

| 項　目 | 補助金 | 助成金 | 融資 |
|---|---|---|---|
| 調達先 | 国・地方自治体・企業等 | 国・地方自治体・財団等 | 金融機関 |
| 返済の有無 | ○　原則返済なし | ○　原則返済なし | ×　元本＋利子返済 |
| 調達までの期間 | ×　長期 | △　中長期 | ○　短期〜 |
| 申請期間 | ×　短期 | △　中長期 | △　相談可能 |

# 3 補助金・助成金の種類

　補助金・助成金は多種多様です。補助金はその数2,000〜3,000種類以上あるとも言われ、厚生労働省の雇用関係助成金だけでも30種類以上にもなります。また、補助金は国だけでなく地方自治体などその地域独自の公募もあり、それも含めると数はさらに多いでしょう。では、実際に補助金・助成金をどう選び、どう経営に活用すれば企業がより成長発展するのでしょうか。それには、まず経営を「ステージ」で考えていきます。

## 経営ステージとは？

経営はスタートから成長過程ごとに「ステージ」があります。

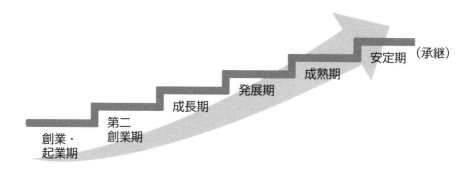

　それぞれのステージごとに、必要となる事業計画や人材、資金額は異なります。事業は創業・起業期〜第二創業期…と成長していきますが、この成長過程において各ステージに合った補助金・助成金を組み入れることで、事業計画がより明確になる、社内の労務や人材育成等の整備が調うなどのプラスの効果が期待できます。たとえ補助金・助成金がすぐに受給できない場合でも、将来の申請につながる土台づくりとなります。

## 「人」を活かすとは？

人・物・金。これは経営に欠かせない3要素です。

物や資金はハード、人はソフトです。ハードをいかに効果的に活かしていくかは、ソフトである「人」が要になります。たとえ設備が揃っていても、資金が潤沢にあろうと、それをどう活かすかは人次第です。では、どう「人」を活かしたらよいでしょうか。

人の活かし方をステージで考えると次のようになります。

①人を雇う（採用） → ②人を育てる（育成） → ③人を支える（支援）

この3つのステージごとに、それぞれに合った助成金を選択していくことで、資金面で国の応援を受けることが可能です。しかも、厚生労働省の助成金は、基本的に条件が合えば受給ができるものです。社員はスキルアップできる、会社は人を育てるための資金を受け取ることができる。人も良し、経営も良し、で上手に助成金を活用しましょう。

## どのような補助金・助成金があるか？

主に補助金は事業経営に関わるもの、助成金は人に関わるものです。

よく活用される補助金・助成金として次のようなものがあります。

○補助金（目的：起業促進や産業振興など）

・小規模事業者持続化補助金〈一般型〉（P.42参照）

・IT導入補助金（P.56参照）

・ものづくり・商業・サービス生産性向上促進補助金（ものづくり補助金）（P.46参照）

・事業再構築補助金（P.52参照）　　など

○助成金（目的：雇用維持、雇用促進、能力向上など）

　・雇用調整助成金（P.123参照）

　・特定求職者雇用開発助成金（P.98参照）

　・キャリアアップ助成金（P.109参照）

　・人材開発支援助成金（P.112参照）

　・両立支援等助成金（P.115参照）　　など

# 4 つなぎ融資・資金調達対策

## 補助金・助成金に欠かせない備え「資金調達」

　補助金・助成金は原則、後払い制です。補助金・助成金にチャレンジする前には、資金調達の目途を必ずつけましょう。企業には経営ステージごとのハードルだけでなく、経済環境や取引先など外部から受ける変化やダメージも多々あります。万一不測の事態に資金不足に陥らないよう一歩先の手立てを打っておきましょう。

## つなぎ資金

　補助金・助成金が入金されるまで、特に「ものづくり補助金」のように高額な機械を購入するような場合、自己資金だけでは足りない場合があります。申請を検討する際には、併せてつなぎ資金・つなぎ融資が準備できるか確認しておきましょう。融資は余裕を持って金融機関に相談を。あるいは資金調達の専門家に相談する方法もあります。

## 補助金・助成金がもらえない時

　補助金・助成金がもらえない時のことも想定しておきましょう。補助金・助成金がもらえなければ事業を実行しない、というスタンスでのチャレンジもありえますが、事業計画自体が後回しになることで、逆に経営上のマイナスになることも考えられます。事業計画と資金計画の検討は綿密に行いましょう。

## 融資制度を知っておく

　融資制度を知っておくことは、補助金・助成金チャレンジには大事なリスク対策です。簡単にポイントを抑えておきましょう。

○融資の流れ

相談 ➡ 申込 ➡ 面談 ➡ 融資 ➡ 返済

○融資で主に必要なもの※

・創業計画書、事業計画書

・決算書、税務申告書、納税証明書

・見積書（設備等）

・許認可証、開業届、登記事項証明書

・会社案内、製品カタログ　　など

※　金融機関や融資の内容によって異なる場合があります。

# 5 補助金・助成金の選び方

　補助金・助成金ならどれでもよいという訳ではありません。選んだ補助金・助成金がやりたい事業と合っている、方向性が同じであることが、まず大事です。事業は、補助金・助成金ありきではありません。補助金・助成金にはそれぞれ施策の目的や趣旨があり、それに応じた事前の仕組みづくりも必要です。目的や趣旨を理解し、特徴を把握して、事業と合う補助金・助成金を見つけていきましょう。

## 補助金・助成金の選び方のポイント

☑ **目的や趣旨がやりたい事業と合っているか？**

　各補助金・助成金ごとの目的や趣旨を理解し、採択後に目指す事業や導入したい機械が違っていた、ということがないように、事業と合ったものを見つけていきましょう。

☑ **事業完了までの自己資金は足りるか？**

　まず先に自己資金が必要で、すべての経費が対象となるわけではありません。公募要領等で事前に補助対象経費・補助の割合・上限額などを確認しましょう。

☑ **事業スタートまで待てるか？**

　申請〜審査〜採択と、事業スタートまで時間がかかります。明日から事業をスタートしたいと思ってもできません。経営上タイミングは大事な問題です。補助金・助成金を活用した方がよいのか、それとも他の調達手段がよいのかよく検討しましょう。

☑ **書類は見やすく・ポイントをわかりやすく**

　補助金の採択には審査があります。審査員の立場に立って、提出書類は見やすく、ポイントをわかりやすくまとめましょう。

☑ **入金はすべて完了してから・資金計画に無理はないか？**

　入金は、原則事業完了後です。事業計画だけでなく、資金計画にも無理がないように、補助金・助成金を選びましょう。

☑ **コストアップも事前に確認**

　補助金・助成金をもらった後、コストはいくらかかりますか？　雇用や正社員化など、助成後も人件費がアップし続けることもあります。実際の助成額や助成対象期間はどのくらいなのか、助成後も無理がないか、事前に確認しましょう。

**6** # 中小企業・小規模事業者の定義

　補助金・助成金では、「中小企業」がキーワードになります。実際の中小企業の定義は法律によって異なります。公募要領や申請事前に確認しましょう。

　なお、資本金は、出資の場合には「出資の総額」と読み替えます。

## 中小企業基本法の中小企業者

　中小企業政策上での原則的な政策対象です。

| 製造業その他 | 資本金3億円以下 | または | 常時使用従業者数300人以下 |
|---|---|---|---|
| 卸売業 | 資本金1億円以下 | または | 常時使用従業者数100人以下 |
| 小売業 | 資本金5,000万円以下 | または | 常時使用従業者数50人以下 |
| サービス業 | 資本金5,000万円以下 | または | 常時使用従業者数100人以下 |

## 小規模企業者

○中小企業基本法

| 製造業その他 | 常時使用従業員20人以下 |
|---|---|
| 商業（卸売業・小売業）・サービス業 | 常時使用従業員5人以下 |

○商工会及び商工会議所による小規模事業者の支援に関する法律（小規模事業者支援法）、中小企業信用保険法、小規模企業共済法の3法においては、宿泊業および娯楽業を営む従業員20人以下の事業者が小規模企業となります。

## 中小企業事業主（雇用関係助成金 P.84〜）

　雇用関係助成金とは、雇用安定・職場環境改善・仕事と家庭の両立支援・従業員の能力向上等を目的とした助成金です。

| 小売業<br>（飲食店を含む） | 資本金5,000万円以下　または | 常時雇用する<br>労働者数50人以下 |
|---|---|---|
| サービス業 | 資本金5,000万円以下　または | 常時雇用する<br>労働者数100人以下 |
| 卸売業 | 資本金1億円以下　または | 常時雇用する<br>労働者数100人以下 |
| その他 | 資本金3億円以下　または | 常時雇用する<br>労働者数300人以下 |

## 中小企業（人材確保等支援助成金：中小企業団体助成コース P.103）

　上記中小企業（雇用関係助成金）に加えて、下記の場合も中小企業に該当します。

| 旅館業 | 資本金5,000万円以下　または | 常時雇用する<br>労働者数200人以下 |
|---|---|---|
| ソフトウエア業・<br>情報処理サービス業 | 資本金3億円以下　または | 常時雇用する<br>労働者数300人以下 |
| ゴム製品製造業<br>（自動車・航空機用タイヤ、チューブ製造業、工業用ベルト製造業を除く） | 資本金3億円以下　または | 常時雇用する<br>労働者数900人以下 |

# 7 補助金・助成金の申請の流れ

　補助金・助成金の一般的な流れを押さえておきましょう。補助金・助成金ごとに違う場合がありますので、公募要領等で必ず確認しましょう。

## 補助金申請の流れ

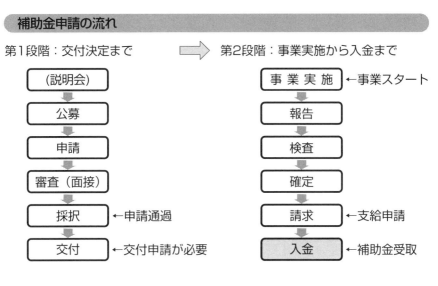

第1段階：交付決定まで　➡　第2段階：事業実施から入金まで

（説明会）
　↓
公募
　↓
申請
　↓
審査（面接）
　↓
採択　←申請通過
　↓
交付　←交付申請が必要

事業実施　←事業スタート
　↓
報告
　↓
検査
　↓
確定
　↓
請求　←支給申請
　↓
入金　←補助金受取

## 助成金申請の流れ

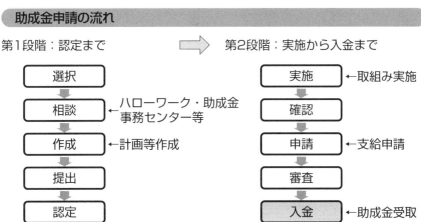

第1段階：認定まで　➡　第2段階：実施から入金まで

選択
　↓
相談　←ハローワーク・助成金事務センター等
　↓
作成　←計画等作成
　↓
提出
　↓
認定

実施　←取組み実施
　↓
確認
　↓
申請　←支給申請
　↓
審査
　↓
入金　←助成金受取

## jGrants（Jグランツ）

　jGrants（Jグランツ）は、経済産業省が運営する補助金の電子申請システム（24時間365日、手続可能）

　申請後はマイページで交付までの状況がわかる（https://www.jgrants-portal.go.jp）

## jGrants（Jグランツ）からの補助金申請の流れ

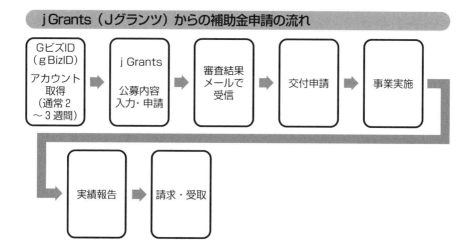

## GビズID

　GビズIDは、１つのID・パスワードで、様々な行政サービスにログインできる法人・個人事業主向け認証システム（https://gbiz-id.go.jp/top/）

gBizID　　　ホーム　　手続きガイド　　サポート　　アカウント作成　　行政サービス一覧　　｜ログイン｜

# gBizIDで行政サービスへの
# ログインをかんたんに

GビズIDは、1つのID・パスワードで
様々な行政サービスにログインできるサービスです。

［ gBizIDを作成 ］

審査状況を確認したい　　GビズIDを過去に登録済みか確認したい

## gBizIDプライムを作るには？

gBizIDプライムは審額審査が必要なアカウントとなり、本サイトから申請します。
申請の流れなど、手続を行うための基本について解説します。

**①** アカウント申請に必要なものを準備する

SMS受信用の
スマートフォンor携帯電話

印鑑証明書（法人）／
印鑑登録証明書（個人事業主）

登録印

**②** パソコンにてgBizIDプライム申請書を作成する

**③** 申請書を印刷し・押印する

申請書をダウンロードし、プリンターで印刷します。
申請書に印鑑を押印します。

**④** 申請書と印鑑（登録）証明書を郵送する

申請書と印鑑（登録）証明書を合わせてGビズID運用センターへ郵送します。
（送付先はこちら）
※印鑑（登録）証明書の有効期限は発行から3か月です。

運用センター側で審査を行い、承認します。
※不備がない場合で1週間程度が目安となります。

**⑤** 1週間程度で審査完了メール受け取り

審査完了メールを確認し、パスワード登録を完了させます。
これでID登録が完了です。

審査については、書類に問題がない場合は1週間程度でアカウントを発行しておりますが、
問題がある場合には、内容確認のためお時間をいただく場合もございます。
申請の際は、必ず事前に申請方法やアカウント保有状況をご確認いただきますようお願いいたします。

以下のような状況が確認できた場合には不備となり返送させて頂きます。
・書類に不備がある（印鑑証明書が同封されていない、申請書と印鑑証明書の印鑑が異なる等）
・既にアカウントをお持ちの方による重複申請

（出所：gBizIDHP）

第2章

まるわかり！補助金・助成金

**COLUMN** 中小企業・小規模事業者向け　令和 5 年度税制改正の
ポイント

　日本経済を支える中小企業・小規模事業者に対して、税制面から
の支援が行われています。

　「経済産業省 令和 5 年度（2023年度）税制改正のポイント」にお
いて、①スタートアップ・エコシステムの抜本強化（研究開発税制
の延長等）、②人への投資・イノベーション促進とカーボンニュー
トラルへの対応のための取組（DX投資促進税制の延長等）、③中小
企業・小規模事業者の設備投資・経営強化／地域経済を牽引する企
業の成長促進（設備投資・賃上げに向けた事業環境整備、インボイ
ス制度負担軽減措置等）、④企業活動のグローバル化に対応した事
業環境整備（グローバル・ミニマム課税導入時の事務負担軽減）が
挙げられています。

### 〈中小企業向け　令和 5 年度税制改正の主なポイント〉

| | |
|---|---|
| 中小企業経営強化税制<br>（延長） | ・即時償却または税額控除（10%、資本金300万円超 7 %） |
| 中小企業投資促進税制<br>（延長） | ・特別償却（30%）または税額控除　（7 %：資本金3000万円以下の<br>中小企業者等） |
| 設備投資に関する<br>固定資産税の軽減特例<br>【創設】 | ・「先端設備等導入計画」に基づく一定の機械装置等の固定資産税を<br>2／3・最大 5 年間（賃上げ表明を行わない場合には 1／2 軽減・<br>3 年間）軽減 |
| 法人税率の軽減<br>（延長） | ・所得の800万円まで法人税率を15%に軽減 |
| 中小企業防災・<br>減災投資促進税制<br>（延長） | ・中小企業の防災・減災設備投資の特別償却（18%・2025年 4 月以降<br>取得は16%）、対象設備に耐震装置を追加 |
| 地域未来投資促進税制<br>（拡充・延長） | ・特別償却（20%〜50%）または税額控除（2 %〜 5 %） |

（出所：財務省・経済産業省資料をもとに加工作成）

# 第3章

## 「経営ステージ」を活かす！ 補助金

# 1 地域・企業共生型ビジネス導入・創業促進事業補助金

「地域と企業の持続的共生」を促進し、地域経済の活性化の実現を目的とした補助金です。地域の単独もしくは、複数の中小企業者等が地域内外の関係主体と連携しつつ、複数の地域に共通する地域・社会課題について、技術やビジネスの視点を取り入れながら、複数地域で一体的に解決する事業（実証プロジェクト）について、その経費の一部を補助します。

## POINT

- ☐ 単独もしくは複数の中小企業者等が地域内外の関係主体と連携
- ☐ 「地域と企業の持続的共生」を促進
- ☐ 5市町村以上（広域型は10以上）の地域で実証する事業が対象

| 対象者 | 日本国内で登記された法人で、国内に本社及び事業実施場所を有する単独もしくは複数社の中小企業等※で以下の要件を満たす事業者<br>・本事業を的確に遂行する組織、人員等を有している<br>・円滑な遂行に必要な経営基盤や資金等について十分な管理能力を有している　など<br>※　中小企業基本法の中小企業者、一般社団法人、一般財団法人、特定非営利活動法人<br>※　地域未来牽引企業として経済産業大臣により選定され、公募締切日までに地域未来牽引企業として「目標」を経済産業大臣に提出している事業者は初年度から広域型の申請可 |
|---|---|

| | |
|---|---|
| 対象事業 | 地域の単独もしくは、複数の中小企業等が地域内外の関係主体と連携しつつ、複数の地域に共通する地域・社会課題や付加価値について、技術やビジネスの側面から実証する取組みを行う事業<br>※複数（5市町村以上、広域型は10以上、さらなる広域型は15以上：特別区は区）の地域で実証する事業であるなどの条件を満たす事業 |
| 対象経費 | 人件費、事業費（旅費、機械装置費、借料及び賃料（リース費）、システム開発費、外注加工費、技術導入費、専門家経費、運搬費、クラウド利用費、委託費（広域型・さらなる広域型のみ） |

補助内容

| 類型 | 実証地域数 | 補助率 | 補助上限額 |
|---|---|---|---|
| 通常型 | 5地域以上 | 2/3以内 | 3,000万円 |
| 広域型 | 10地域以上 | 2/3以内<br>または1/2※ | 4,000万円 |
| さらなる広域型 | 15地域以上 | 1/2以内 | |

※　中小企業以外の地域未来牽引企業等の場合

| | |
|---|---|
| 公募情報 | 2023年度：2023年4月24日〜2023年5月23日 |
| 問い合わせ先 | 地域・企業共生型ビジネス導入補助金事務局<br>☎050-5050-1443<br>中小企業庁　経営支援部　創業・新事業促進課<br>☎03-3501-1767（直通） |

※　通常型・広域型はB to B・B to CモデルまたはB to Gモデル（主に自治体顧客対象）、さらなる広域型はB to Gモデル

## 2 創業・起業 創業助成事業

　創業助成事業は、創業・起業で活用できる支援金です。東京都内の創業予定者向けの「創業助成事業」があります。このほか、2030年度に都内開業率12%まで向上達成に向け、施設運営者向けの「インキュベーション施設整備・運営費補助事業」があります。

### ○創業助成事業（創業予定者向け）

| | |
|---|---|
| 対象者 | 東京都内の創業予定者・創業5年未満の中小企業者等で<br>・TOKYO創業ステーションの事業計画書策定支援の終了者<br>・東京都制度融資（創業）利用者<br>・都内の公的創業支援施設入居者　など |
| 対象経費 | 創業初期に必要な経費：従業員人件費、賃借料、<br>　　　　　　　　　　　器具備品購入費、広告費、<br>　　　　　　　　　　　専門家指導費、<br>　　　　　　　　　　　産業財産権出願・導入費 |
| 助成期間 | 交付決定日から6カ月以上最長2年間<br>（2023年9月1日〜2024年8月31日予定） |
| 助成内容 | 助成額：最高300万円・下限100万円<br>助成率：2/3以内 |
| 公募情報 | 申請受付：第1回　2023年4月11日〜4月20日<br>　　　　　（郵送またはWEB登録） |
| 問い合わせ先 | 東京都中小企業振興公社　創業支援課<br>　☎03-5220-1142 |

## ○インキュベーション施設整備・運営費補助事業（施設運営者向け）

| | |
|---|---|
| 対象者 | 東京都インキュベーション施設運営計画認定事業の認定を受けた事業のうち、優れた取組を行う中小企業者等 |
| 対象経費 | 整備・改修費（工事費・設計費等）、運営費（人件費・備品費等） |
| 補助期間 | 最長3年<br>整備・改修費：交付決定日から最長2年<br>運営費：整備・改修費の補助期間終了日の翌日から1年以上最長2年 |
| 補助内容 | 整備・改修費：最高2,500万円（区市町村：2,000万円）<br>運営費：1年ごと最高2,000万円（区市町村：1,500万円）<br>補助率：原則2/3以内（区市町村：1/2以内） |
| 公募情報 | 事前予約制（2023年度：申請予約2023年6月16日〜6月30日、提出期間7月7日〜7月15日） |
| 問い合わせ先 | 東京都中小企業振興公社　創業支援課<br>☎03-5220-1142 |

第3章

「経営ステージ」を活かす！補助金

**3** 創業・起業
# 商店街起業・承継支援事業

　東京都内の商店街で活用できる補助金です。東京都内の商店街で、新規開業や事業承継を行う小売業者等の店舗改装や新装費用、実務研修費を助成するものです。

## POINT

- ☐ **東京都内の商店街**
- ☐ **新規開業や事業承継を行う小売業者等**
- ☐ **店舗改装や新装費用、実務研修費の助成**

| 対象者 | 東京都内の商店街で新規開業、事業多角化の出店、事業承継を行う小売業者等 | | |
|---|---|---|---|
| 対象経費 | ①事業所整備費<br>　・店舗新装・改装工事費、設備・備品購入費（原則税込10万円以上）、宣伝・広告費（上限150万円）<br>②実務研修受講費<br>③店舗賃借料（新たに賃借する場合） | | |
| 対象期間 | 交付決定日から1年間（店舗賃借は2年間） | | |
| 補助内容 | 対象経費 | 補助限度額 | 補助率 |
| | ①事業所整備費 | 250万円 | 2/3以内 |
| | ②実務研修受講費 | 6万円 | |
| | ③店舗賃借料<br>（新たな賃借） | 1年目：180万円<br>　　　（月15万円）<br>2年目：144万円<br>　　　（月12万円） | |
| | 限度額：最大580万円 | | |

| 申請受付 | 事前予約制（HPより申込み後、書類郵送） |
|---|---|
| 公募情報 | 事前登録（HPより）<br>第1回：2023年4月4日〜4月21日<br>　　　　（提出4月下旬〜6月上旬）<br>第2回：2023年6月26日〜7月14日<br>　　　　（提出7月下旬〜8月下旬）<br>第3回：2023年9月25日〜10月13日<br>　　　　（提出10月下旬〜11月下旬） |
| 問い合わせ先 | 東京都中小企業振興公社　助成課<br>☎03-3251-7895 |

## （注）若手・女性リーダー応援プログラム助成事業

　都内商店街で開業予定の、実店舗を持たない女性・39歳以下の男性開業を支援（最大730万円助成）

「商店街起業・承継支援事業」との併願申請可

・商店街の空き店舗検索　物件検索サイト：東京商店街空き店舗ナビ

# 4 小規模事業者持続化補助金〈一般型〉

　小規模事業者の事業の持続的発展に活用できる補助金です。商工会議所・商工会の支援を受けて作成した経営計画に基づいて実施する販路開拓等・業務効率化（生産性向上）の取組みを支援するものです。小規模事業者持続化補助金は、使い勝手がよく、人気の高い補助金です。

## 〈一般型〉

**POINT**

- ☐ **小規模事業者の販路開拓等を支援**
- ☐ **商工会議所・商工会と一体で実施**
- ☐ **インボイス特例→上限額一律50万円アップ！　最高250万円**

| 対象者 | 小規模事業者（業種ごとに従業員数が規定）<br>会社（企業組合・協業組合を含む）・個人事業主（商工業者）、一定の特定非営利活動法人<br>※　商工会議所・商工会の会員・非会員問わず。士業（弁護士・税理士・行政書士・弁理士・社会保険労務士等）、経営コンサルタントも応募可。創業予定者は対象外（申請時に開業届提出済は対象）。 |
|---|---|

| 業　種 | | 常時使用する従業員数 |
|---|---|---|
| 商業・サービス業 | | |
| | 宿泊業・娯楽業以外 | 5人以下 |
| | 宿泊業・娯楽業 | 20人以下 |
| 製造業その他 | | 20人以下 |

| 対象者 | ※医師、歯科医師、助産師、一般社団法人、一般財団法人、一定の認定特定非営利活動法人、医療法人等は対象外 |
|---|---|

| 対象事業 | 区　分 | 概　要 |
|---|---|---|
| | 通常枠 | 販路開拓の取組み |
| | 賃金引上げ枠 | 販路開拓かつ事業場内最低賃金が地域別最低賃金＋30円以上の取組み |
| | 卒業枠 | 販路開拓かつ雇用拡大取組み |
| | 後継者支援枠 | アトツギ甲子園のファイナリスト等の販路開拓の取組み |
| | 創業枠 | 「特定創業支援等事業の支援」の創業者の販路開拓取組み |

| 対象経費 | 機械装置等費、広報費、ウェブサイト関連費、展示会等出展費、旅費、開発費、資料購入費、雑役務費、借料、設備処分費、委託・外注費 |
|---|---|

| 補助内容 | 区　分 | 補助率 | 補助額上限 |
|---|---|---|---|
| | 通常枠 | 2／3以内 | 50万円（100万円※） |
| | 賃金引上げ枠 | 2／3以内（赤字事業者3／4以内） | 200万円（250万円※） |
| | 卒業枠 | 2／3以内 | |
| | 後継者支援枠 | | |
| | 創業枠 | | |
| | ※　インボイス特例：免税事業者から適格請求書発行事業者に転換する小規模事業者について、補助額50万円上乗せ | | |

| 公募情報 | 《申請受付締切》 | 《事業支援計画書（様式4）発行の受付締切》 |
|---|---|---|
| | 第12回：2023年6月1日 | 原則2023年5月25日 |
| | 第13回：2023年9月7日 | 原則2023年8月31日 |
| | ※　事業支援計画書（様式4）の発行に時間を要するため、余裕をもって手続きが必要 | |

| 問い合わせ先 | 最寄りの商工会議所・商工会<br>日本商工会議所地区・小規模事業者持続化補助金事務局<br>   ☎03-6632-1502<br>商工会地区・全国商工会連合会<br>   ☎03-6268-0088<br>各地方事務局<br>   ☎042-843-5317（東京都） |
| --- | --- |

**COLUMN** 展示会出展助成

### ●令和5年度　展示会出展助成・市場開拓助成

　BtoBの展示会出展費用等を助成します。

　都内中小企業者が、販路拡大及び経営基盤の更なる強化を図るために行う展示会（リアル展示会またはオンライン展示会）への出展等の費用を助成。助成限度額150万円・助成率2／3以内。

　この他、市場開拓助成（助成限度額300万円・助成率1／2以内）があります。

　東京都中小企業振興公社　助成課
　☎03-3251-7894

### ●大阪府　大規模展示商談会活用事業（出展支援事業）

　大阪のものづくり中小企業（製造業またはソフトウェア業）の新市場参入や新製品・新技術の販路開拓のための指定の展示商談会への出展を支援。

① 　出展講習会の実施
　展示商談会を効果的に活用する販路開拓手法についての出展講習会
② 　出展に係る経費の一部補助
　※ 　上限25万円
　補助対象経費（小間料金、装飾経費）の1／2以内を補助
③ 　出展前後における課題解決アドバイスの実施
　専門のコーディネーターとの出展前後における個別相談の実施

　大阪府商工労働部中小企業支援室ものづくり支援課
　☎ 06-6748-1066

# 5 ものづくり・商業・サービス生産性向上促進補助金（ものづくり補助金）

　ものづくり補助金は、人気の高い補助金で、経営力向上のための革新的サービス開発・試作品開発・生産性プロセスの改善を行う中小企業や小規模事業者の設備投資等と、あわせて行う専門家への依頼費用を支援します。

## POINT

☐　中小企業の経営革新のための設備投資等

☐　一般型・グローバル展開型の事業類型

☐　「認定支援機関確認書」（認定支援機関による事業計画の実効性の確認）が必要

| | 事業類型 | 概　　要 |
|---|---|---|
| 概　　要 | 通常枠 | 革新的な製品・サービス開発または生産プロセス・サービス提供方法の改善に必要な設備・システム投資等 |
| | 回復型賃上げ・雇用拡大枠（赤字事業者向け） | 業況が厳しいながらの賃上げ・雇用拡大の取組のための革新的な製品・サービス開発等の改善に必要な設備・システム投資等 |
| | デジタル枠 | DX等のための革新的な製品・サービス開発等の改善による生産性向上に必要な設備・システム投資等 |
| | グリーン枠 | 温室効果ガスの排出削減等への取組のための革新的な製品・サービス開発等の改善による生産性向上に必要な設備・システム投資等 |
| | グローバル市場開拓枠 | 海外事業の拡大・強化等を目的とした製品・サービス提供方法の改善に必要な設備・システム等 |

| 対象者 | 認定支援機関の全面バックアップを得た事業を行う中小企業・小規模事業者（日本国内に本社及び実施場所を有する中小企業者）<br>▶「認定支援機関確認書」（認定支援機関による事業計画の実効性の確認）が必要 |
|---|---|
| 対象事業 | 次のいずれかの取組みで、3〜5年で「付加価値額」年率3％以上増加・「給与支給総額」年率1.5%以上増加・事業場内最低賃金＋30円以上を達成できる計画。<br>①革新的サービス・ものづくり技術<br>　「中小サービス事業者の生産性向上のためのガイドライン」で示された方法で行う革新的なサービスの創出・サービス提供プロセスの改善<br>②サービス・ものづくり高度生産向上支援<br>　「中小ものづくり高度化法」に基づく特定ものづくり基盤技術を活用した革新的な試作品開発・生産プロセスの改善 |
| 対象経費 | 機械装置・システム構築費、技術導入費、専門家経費、運搬費、クラウドサービス利用費など |

| 補助内容 | 事業類型 | 補助率 | 補助額 |
|---|---|---|---|
| | 通常枠※ | 1／2<br>小規模事業者等<br>2／3 | 750万円〜1,250万円以内<br><br>従業員数 |
| | 回復型賃上げ・雇用拡大枠（赤字事業者向け） | 2／3 | 5人以下：<br>　100万円〜750万円<br>6〜20人：<br>　100万円〜1,000万円 |
| | デジタル枠※ | | 21人以上：<br>　100〜1,250万円 |
| | グリーン枠※ | 2／3 | 100万円〜4,000万円<br>①エントリー類型<br>従業員数<br>5人以下：<br>　100万円〜750万円<br>6〜20人：<br>　100万円〜1,000万円 |

| | | | |
|---|---|---|---|
| 補助内容 | グリーン枠※ | 2／3 | 21人以上：<br>　100万円〜1,250万円<br>②スタンダード類型<br>従業員数<br>　5人以下：<br>　750万円〜1,000万円<br>　6〜20人：<br>　1,000万円〜1,500万円<br>21人以上：<br>　1,250万円〜2,000万円<br>③アドバンス類型<br>従業員数<br>　5人以下：<br>　1,000万円〜2,000万円<br>　6〜20人：<br>　1,500万円〜3,000万円<br>21人以上：<br>　2,000万円〜4,000万円 |
| | グローバル市場開拓枠※ | 1／2<br>小規模事業者<br>2／3 | 100万円〜3,000万円<br>①海外直接投資<br>②海外市場開拓<br>　（JAPANブランド）<br>　ブランディング・プロ<br>　モーション等の経費も<br>　対象<br>③インバウンド市場開拓<br>④海外事業者との協働事<br>　業 |
| | ※　大幅な賃上げをする事業者は、最大1,000万円上乗せ | | |
| 公募情報 | 第15次締切　2023年7月28日 | | |
| 問い合わせ先 | ものづくり補助金事務局サポートセンター<br>　☎050-8880-4053<br>各都道府県地域事務局（都道府県中小企業団体中央会）<br>P.51参照<br>全国中小企業団体中央会事務局<br>　☎03-6280-5560 | | |

参考 **生産性革命推進事業**

　生産性革命推進事業とは、中小企業・小規模事業者の人手不足等の構造変化に加えて、働き方改革、被用者保険の適用拡大、賃上げ、インボイス導入などの複数年に及ぶ制度変更に柔軟に対応できるよう、中小企業・小規模事業者の設備投資、IT導入、販路開拓等の支援を一体的かつ機動的に実施し、複数年にわたって中小企業・小規模事業者の生産性向上を継続的に支援する事業です。ものづくり補助金、小規模事業者持続化補助金、IT導入補助金、事業承継・引継ぎ補助金があります。

生産性革命
推進事業

・ものづくり補助金
・小規模事業者持続化補助金（P.42）
・IT導入補助金（P.56）
・事業承継・引継ぎ補助金（P.61）

参考 **ものづくり等高度連携事業再構築促進補助金**

　複数（2～10者・連携帯は5者まで）の中小企業・小規模企業者等が連携し、新たな付加価値の創造や生産性向上を図るプロジェクト等を支援。補助上限1,500～2,500万円/者・1連携体1億円、補助率中小企業者1/2（小規模企業者2/3）。

**参考** **医療機器産業参入促進助成金**

　医療機器産業参入促進助成金は、都内ものづくり中小企業の医療機器産業分野参入促進のための、臨床現場のニーズを踏まえた医療機器等の開発を支援します。

・医療機器等事業化支援助成金
　開発から事業化までを助成（企業の連携体構築が必要）
　助成限度額：5,000万円　助成率：2／3

・医療機器等開発着手支援助成金
　開発初期段階の経費を助成
　助成限度額：500万円　助成率：2／3

東京都中小企業振興公社取引振興課　　☎03-5822-7250

## ものづくり補助金　地域事務局一覧

掲載されている内容につきまして、今後、変更される可能性がございます。最新情報は、全国事務局及び各地域事務局のホームページを確認してください。

（2023年4月30日現在）

| 地域事務局 | 電話番号 | 地域事務局 | 電話番号 |
|---|---|---|---|
| 北海道事務局 | 011-522-9300 | 滋賀県地域事務局 | 077-510-0890 |
| 青森県事務局 | 017-763-5205 | 京都府地域事務局 | 075-361-5016 |
| 岩手県地域事務局 | 019-613-2633 | 奈良県地域事務局 | 0742-22-3220 |
| 宮城県地域事務局 | 022-222-5266 | 大阪府地域事務局 | 06-6947-4378 |
| 秋田県地域事務局 | 018-874-9443 | 兵庫県地域事務局 | 078-351-6215 |
| 山形県地域事務局 | 023-674-8430 | 和歌山県地域事務局 | 073-421-3500 |
| 福島県地域事務局 | 024-572-5420 | 鳥取県地域事務局 | 0857-30-2503 |
| 茨城県地域事務局 | 029-350-8087 | 島根県地域事務局 | 0852-21-4809 |
| 栃木県地域事務局 | 028-611-3315 | 岡山県地域事務局 | 086-227-9333 |
| 群馬県地域事務局 | 027-225-8000 | 広島県地域事務局（広島） | 082-222-8338 |
| 埼玉県地域事務局 | 048-871-9855 | 広島県事務局（福山） | 084-959-2360 |
| 千葉県地域事務局 | 043-224-5470 | 山口県地域事務局 | 083-902-2580 |
| 東京都地域事務局 | 03-6278-8491 | 徳島県地域事務局 | 088-679-6222 |
| 神奈川県地域事務局 | 045-263-9371 | 香川県地域事務局 | 087-802-3722 |
| 新潟県地域事務局 | 025-211-8091 | 愛媛県地域事務局 | 089-990-3031 |
| 長野県事務局（本部） | 026-228-1206 | 高知県地域事務局 | 088-845-6222 |
| 長野県事務局（南信） | 0266-52-3998 | 福岡県地域事務局 | 092-260-3714 |
| 山梨県地域事務局 | 050-6861-9944 | 佐賀県地域事務局 | 0952-23-4598 |
| 静岡県地域事務局 | 054-255-5900 | 長崎県地域事務局 | 095-826-3201 |
| 愛知県地域事務局 | 052-485-8460 | 熊本県地域事務局 | 096-285-5546 |
| 岐阜県地域事務局 | 058-214-2471 | 大分県地域事務局 | 097-513-1330 |
| 三重県地域事務局 | 059-271-6020 | 宮崎県地域事務局 | 0985-25-2271 |
| 富山県地域事務局 | 076-482-5738 | 鹿児島県地域事務局 | 099-222-9258 |
| 石川県地域事務局 | 076-255-6280 | 沖縄県地域事務局 | 098-864-0080 |
| 福井県地域事務局 | 0776-43-0295 | 事業推進本部 | 03-6280-5560 |

第3章

「経営ステージ」を活かす！補助金

# 6 事業再構築補助金（中小企業等事業再構築促進事業）

　企業の思い切った事業の再構築を支援。新分野展開や業態転換、事業・業種転換等の取組み、事業再編またはこれらの取組みを通じた規模の拡大等を目指す企業・団体等の新たな挑戦を支援する補助金です。

## POINT

- ☐ **成長枠、産業構造転換枠が創設**
- ☐ **製造業対象の国内回帰（補助額最大 5 億円以内）が追加**
- ☐ **認定経営革新等支援機関や金融機関と一体で事業再構築に取り組む**

| | 区　　分 | 概　　要 |
|---|---|---|
| 概　　要 | ①最低賃金枠 | 最低賃金引上げの影響を受け原資確保が困難な事業者を支援 |
| | ②物価高騰対策・回復再生応援枠 | 業況が厳しい事業者や事業再生に取り組む事業者、原油価格・物価高騰等の影響を受ける事業者を支援 |
| | ③産業構造転換枠 | 国内市場縮小等の構造的な課題に直面している業種・業態の事業者を支援 |
| | ④成長枠 | 成長分野への大胆な事業再構築に取り組む事業者を支援 |
| | ⑤グリーン成長枠 | 研究開発・技術開発または人材育成を行いながらグリーン成長戦略「実行計画」14 分野の課題解決への取組を行う事業者を支援 |
| | ⑥サプライチェーン強靱化枠 | 海外で製造する部品等の国内回帰を進め、国内サプライチェーンの強靱化および地域産業の活性化に資する取組を行う事業者を支援 |

| | |
|---|---|
| 対象者 | 新分野展開や業態転換、事業・業種転換等の取組み、事業再編またはこれらの取組みを通じた規模の拡大等を目指す企業等<br><br>主な要件<br>**①売上減少**<br>　2022年1月以降の連続する6カ月間のうち任意の3カ月の合計売上高が、2019年～2021年の同3カ月の合計売上高と比較して10%以上減少<br>　※2022年1月以降連続する6カ月間のうち任意の3カ月の合計付加価値額が、2019年～2021年の同3カ月の合計付加価値額と比較して15%以上減少でも可<br>**②事業再構築に取り組む**<br>　事業計画を認定経営革新等支援機関や金融機関と策定し、一体となって事業再構築に取り組む。<br>**③付加価値額増加の事業計画策定**<br>　補助事業終了後3～5年で付加価値額の年率平均3.0%～5.0%以上増加、従業員1人当たり付加価値額の年率平均3.0%～5.0%以上増加達成　　など |
| 対象経費 | 建物費（建物の建築・改修等）、機械装置・システム構築費、技術導入費（知的財産権導入に要する経費）、外注費（加工、設計等）、広告宣伝費・販売促進費（広告作成、媒体掲載、展示会出展等）、研修費（教育訓練費等）等<br>※　対象外：補助対象企業の従業員の人件費、従業員の旅費、不動産、汎用品購入費 |

| 補助内容 | 区　分 | 補助率（中小企業） | 補助上限 |
|---|---|---|---|
| | ①最低賃金枠 | 3／4 | 1,500万円 |
| | ②物価高騰対策・回復再生応援枠 | 2／3または3／4 | 3,000万円 |
| | ③産業構造転換枠 | 2／3 | 7,000万円 |

| ④成長枠 | 1／2（中堅企業等へ成長する卒業促進や大規模賃金引上げ達成で2／3へ引上げ）※ | 7,000万円 |
| | | エントリー8,000万円（中堅企業1億円） |
| ⑤グリーン成長枠 | 大規模賃金引上げで、上限3,000万円を上乗せ、中小企業等からの卒業で上限2倍引上げのインセンティブ設定<br>※　大規模賃上げ要件<br>事業終了時点で<br>①給与支給総額＋6％以上、<br>②事業場内最低賃金＋45円 | スタンダード1億円（中堅企業1.5億円） |
| ⑥サプライチェーン強靱化枠 | 1／2 | 5億円 |
| 公募情報 | 第10回　2023年3月30日（公募開始）〜2023年6月30日 |
| 問い合わせ先 | 事業再構築補助金事務局コールセンター<br>☎0570-012-088　IPTEL 03-4216-4080<br>https://jigyou-saikouchiku.go.jp |

## グリーン成長枠

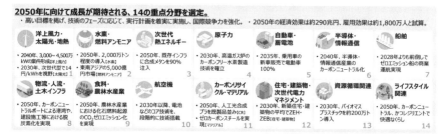

（出所：中小企業庁）

## 活用例

### 新市場進出（新分野転換、業態転換）

**製造業**

ガソリン車向けのバッテリーボックス（バッテリーの温度変化を抑制する部品）を製造する事業者。

低炭素社会への対応が求められる中、EV用部品市場への参入を検討。

断熱性を高める研究開発を行い、電気自動車のセル電池間の熱伝導を防止する、リチウムイオンバッテリーの断熱材を新たに製造。

断熱性の向上により、従来製品より長寿命化も可能となり、昨今の電気自動車市場の拡大を受け、大量生産による低価格化にも取り組む。

補助経費の例：事業圧縮にかかる**機械撤去**の費用
研究開発のための**新規設備導入**にかかる費用 など

### 業種転換

**飲食業**

居酒屋を経営していたところ、コロナの影響で売上が減少

店舗での営業を中止。食品製造業に転換し、ECサイトで、冷凍の食品を全国向けに販売。

補助経費の例：ECサイトの作成費用
新商品開発に係る**機械導入**及び**広告宣伝**のための費用
※公募を主る車両、汎用品（パソコン、スマートフォン等）の購入費は補助対象外です。

### 事業転換

**食品製造業**

フライ菓子などの製造販売業者。コロナの影響に加え、**原材料となる小麦粉、油などの価格**が高騰する一方、商品単価の値下げが激しく、売上・利益率が減少。

フライ菓子の製造ラインを縮小し、現存の加工技術を活かし、新たに**ドライフルーツ製品**を製造する機械を導入。**原油価格・物価高騰の影響を受ける体制から脱却**し、新たな市場の開拓を図る。

補助経費の例：新規製品製造のための**機械導入**にかかる費用 など

### 国内回帰

**事業イメージ**

例1 製造事業者（申請者）がこれまで**海外生産拠点**で製造していた製品を、**国内で製造**するための自動化**設備を新たに導入。**

例2 取引先がこれまで**海外から調達**していた製品について、**国内で製造**できないため取引先から申請者に対し、打診があり、対応するため**国内生産拠点を新たに設立**。

※事業再構築計で示す「国内回帰」は
海外の生産拠点を閉じることを要件として求めておりません。

→国内サプライチェーンの強靭化
→地域産業の活性化

---

**飲食業**
**弁当販売**
➡オフィス勤務の方向けの弁当販売を行う事業者が、高齢者向けの食事宅配事業を開始。

**小売業**
ガソリン販売
➡新規にフィットネスジムの運営を開始。地域の健康増進ニーズに対応。

**サービス業**
**ヨガ教室**
➡室内での密を回避するため、新たにオンライン形式でのヨガ教室の運営を開始。

**製造業**
**半導体製造装置部品製造**
➡半導体製造装置の技術を応用した洋上風力設備の部品製造を新たに開始。

**運輸業**
**タクシー事業**
➡新たに一般貨物自動車運送事業の許可を取得し、食料等の宅配サービスを開始。

**食品製造業**
**和菓子製造・販売**
➡和菓子の製造過程で生成される成分を活用し、新たに化粧品の製造・販売を開始。

**建設業**
**土木造成・造園**
➡自社所有の土地を活用してオートキャンプ場を整備し、観光事業に新規参入。

**情報処理業**
**画像処理サービス**
➡映像編集向けの画像処理技術を活用し、新たに医療向けの診断サービスを開始。

（出所：中小企業庁）

# 7 IT導入補助金（サービス等生産性向上IT導入支援事業）

中小企業・小規模事業者等が活用できる補助金です。ITツール（サービス・ソフトウエア等）導入を支援します。「IT導入支援事業者」と共同作成して申請可能です。

## POINT

☐ **中小企業・小規模事業者等のIT ツールの導入支援**

　　**通常枠（A・B類型）・デジタル化基盤導入枠（商流一括インボイス対応類型※が追加）・セキュリティ対策推進枠**

☐ **原則 交付申請 → 交付決定後 に契約・発注・支払**

☐ **「IT導入支援事業者」と共同作成して申請**

| 対象者 | 中小企業・小規模事業者等（国内で登録し、かつ、国内で事業を行う個人または法人）で、飲食、宿泊、卸・小売、運輸、医療、介護、保育等のサービス業、製造業・建設業等が対象（資本金・従業員等の条件あり） | | | | | |
|---|---|---|---|---|---|---|
| 区分 | 通常枠 | | デジタル化基盤導入枠<br>デジタル化基盤導入類型 | | | セキュリティ対策推進枠 |
| | A類型 | B類型 | | | | |
| 主な機能要件等 | プロセス1以上 | プロセス4以上 | ITツール（会計・受発注・決済・EC等のソフト） | ハードウエア（PC・レジ等） | | 独立行政法人情報処理推進機構（IPA）公表の「サイバーセキュリティお助けサービスリスト」に掲載されているいずれかのサービス |
| 対象経費 | ソフトウエア費、クラウド利用料（最大2年分補助）、導入関連費 | | ソフトウエア購入費、クラウド利用料（最大2年分補助）、導入関連費（更新・保守サポートを含む） | PC・タブレット・プリンター・スキャナー及びそれらの複合機器 | レジ・券売機等 | サービス利用料（最大2年分補助） |
| 補助率 | 1/2以内 | | 3/4以内 | 2/3以内 | 1/2以内 | 1/2以内 |

| 補助上限 | 5万円～150万円未満 | 150万円～450万円 | 50万円（下限撤廃） | 50万円超～350万円 | 10万円 | 20万円 | 5万円～100万円 |
|---|---|---|---|---|---|---|---|
| 申請受付 | IT導入支援者と共同作成して申請 | | | | | | |
| 公募情報※ | 1次：2023年4月25日、2次：2023年6月2日 | | | | 1次：2023年4月25日、2次：2023年5月16日、3次：2023年6月2日 | | 1次：2023年4月25日、2次：2023年6月2日 |
| 問い合わせ先 | サービス等生産性向上IT導入支援事業コールセンター ☎0570-666-424　IPTEL 042-303-9749 | | | | | | |

※　以降のスケジュールは決定次第公表予定

※　商流一括インボイス対応類型（発注者が費用を負担し、受注者が無償で利用）

　　上記の他、商流一括インボイス対応類型（インボイス対応済受発注ソフト導入支援・補助上限350万円・補助率上限2/3以内）があります。

（出所：サービス等生産性向上IT導入支援事業事務局）

類型判別チャート

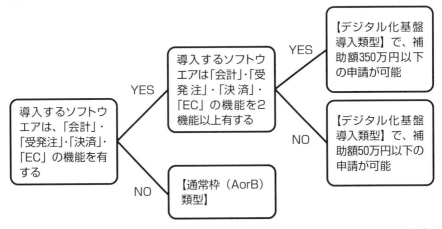

※　「会計」・「受発注」・「決済」・「EC」の機能を有するソフトウェアであっても、通常枠（AorB）類型に申請することは可能ですが、補助率は1/2以内となります。

（出所：公募要領）

事前準備

①IT導入支援事業者の選定　②ITツールの選択　③gBizIDプライムアカ

## 申請・導入の流れ

申請前に必ず行う

| ステップ1 | ステップ2 | ステップ3 | ステップ4 | ステップ5 |
|---|---|---|---|---|
| 本事業の理解 | 事前準備<br>IT導入支援事業者の選定<br>ITツールの選択 | 申請要件<br>gBizIDプライムアカウントの取得<br>SECURITY ACTIONの実施 | 交付申請<br>（IT導入支援事業者との共同作成・提出） | 交付決定 |

（出所：IT導入補助金HP）

> **参考 複数社連携IT導入類型**
>
> デジタル化基盤導入枠（複数社連携IT導入類型）
>
> 複数の中小・小規模事業者が連携してITツール・ハードウエアを導入して、地域DXの実現や生産性向上を図る取組に対して、複数社へのITツールの導入を支援。効果的に連携するためのコーディネート費や取組への助言を行う外部専門家に係る謝金等を補助（補助上限額3,000万円）。
>
> 〈補助対象者〉
> ・商工団体等（商店街振興組合、商工会議所、商工会、事業協同組合等）
> ・当該地域のまちづくり、商業活性化、観光振興等の担い手として事業に取り組むことができる中小企業者または団体（まちづくり会社、観光地域づくり法人（DMO）等）
> ・複数の中小企業・小規模事業者により形成されるコンソーシアム

**参考** インボイス制度

　2023年10月１日より、適格請求書等保存方式（いわゆるインボイス制度）がスタートします。インボイスを発行できるのは登録事業者のみとなります（登録が必要、登録手続にe-Taxで約３週間、書面で約２カ月かかる）。登録は任意ですが、免税事業者が登録するためには、消費税の課税事業者となり、消費税の申告・納付が必要となります。

　インボイス制度対応に向けて、IT導入補助金のデジタル化基盤導入類型では、**会計・受発注・決済・ECの機能**を有するツールについて支援します。

〈活用例〉

活用ツール：自動化・効率化ツール

RPAツール、OCRツール導入

　請求書や発注書をスキャニングし、文字認識でデータ化するOCRシステムと連携させ、データ化された請求や受発注情報をRPAツールが自動的に自社で管理するフォーマットに入力できるように設定。請求や受発注情報・計算の自動化で、入力や集計時間が削減し、月末や決算期の残業が削減。

**参考** デジタルツール導入支援

中小企業デジタルツール導入促進支援事業

中小企業デジタルツール導入促進支援事業は、都内中小企業者等（会社・個人事業主・中小企業団体）が新たに導入するデジタルツール（ソフトウエア、クラウドサービス）の購入費等を支援します。

助成限度額100万円・助成率１/２以内（小規模企業者２/３以内）

2023年度エントリー期間：2023年５月中旬頃

中小企業デジタルツール導入促進支援事業事務局　☎03-4446-9058

# 8 事業承継・引継ぎ補助金

事業承継やM＆A（事業再編・事業統合等）を契機とした経営革新等への挑戦や、M＆Aによる経営資源の引継ぎを支援します。

## POINT

☐ **事業承継や事業再編・事業統合等の事業承継**

☐ **①経営革新（創業支援型、経営者交代型、M＆A型）**
　　**②専門家活用（買い手支援型、売り手支援型）**
　　**③廃業・再チャレンジの3種類**

| 概　　要 | 事業承継やM＆A（事業再編・事業統合等、経営資源を引き継いで行う創業を含む）を契機とした経営革新等への挑戦、M＆Aによる経営資源の引継ぎ、廃業・再チャレンジを行う中小企業・小規模事業者を支援する補助金で ①経営革新事業、②専門家活用事業、③廃業・再チャレンジ事業の3つに区分されます。 | | |
|---|---|---|---|
| 対象事業 | ①経営革新事業 | 類　型 | 補助対象事業 |
| | | Ⅰ型<br>創業支援型<br>Ⅱ型<br>経営者交代型<br>Ⅲ型<br>M＆A型 | 事業承継やM＆A等を契機とした経営革新等（事業再構築、設備投資、販路開拓、経営統合作業（PMI）等）への挑戦を支援 |

| 対象事業 | ②専門家活用事業 | Ⅰ型<br>買い手支援型<br>Ⅱ型<br>売り手支援型 | 事業再編・事業統合等に伴い経営資源の引継ぎ支援。M&A等の専門家等の活用費用を支援 |
|---|---|---|---|
| | ③廃業・再チャレンジ事業 | 中小企業者等の再チャレンジを目的とした既存事業の廃業を支援 | |

| 対象経費 | 類　型 | 対象経費 |
|---|---|---|
| | ①経営革新事業 | 設備投資費用、人件費、店舗・事務所の改築工事費用等 |
| | ②専門家活用事業 | M&A支援業者に支払う手数料※、デューデリジェンスにかかる専門家費用、セカンドオピニオン等<br>※「中小M&A支援機関登録制度」登録のFA（ファイナンシャルアドバイザー）・M&A仲介業者が支援した仲介費用限定 |
| | ③廃業・再チャレンジ事業 | 廃業支援費、在庫廃棄費、解体費 |

| 補助内容 | 類　型 | 補助率 | 補助上限 |
|---|---|---|---|
| | ①経営革新事業 | 1/2～2/3以内（補助額の内600万円超～800万円の部分は1/2） | 600万円<br>一定の賃上げをする事業者は800万円 |
| | ②専門家活用 | 買い手支援型2/3以内<br>売り手支援型1/2または2/3以内 | 600万円以内<br>廃業費の上乗せ150万円以内 |
| | ③廃業・再チャレンジ事業 | 2/3以内 | 150万円以内 |

| 公募情報 | 5次<br>専門家活用事業：<br>　2023年 3 月20日〜2023年 5 月12日<br>専門家活用事業：<br>　2023年 3 月30日〜2023年 5 月12日<br>廃業・再チャレンジ事業：<br>　2023年 3 月20日〜2023年 5 月12日 |
|---|---|
| 問い合わせ先 | 事業承継・引継ぎ補助金事務局<br>　経営革新事業　☎050-3615-9053<br>専門家活用事業/廃業・再チャレンジ事業<br>☎050-3615-9043 |

（出所：中小企業庁公表資料、事業承継・引継ぎ補助金事務局HP）

## FLOW
### 各助成金交付までの流れ

| | 事業承継・引継ぎ補助金<br>（経営革新）<br>の交付までの流れ | 事業承継・引継ぎ補助金<br>（専門家活用）<br>の交付までの流れ | 事業承継・引継ぎ補助金<br>（廃業・再チャレンジ）<br>の交付までの流れ |
|---|---|---|---|
| 事前準備 | 01 補助対象事業の確認 | 01 補助対象事業の確認 | 01 補助対象事業の確認 |
| | 02 認定経営革新等支援機関へ相談 | | 02 認定経営革新等支援機関へ相談 |
| | 03 gBizID プライムの取得 | 02 gBizID プライムの取得 | 03 gBizID プライムの取得 |
| 交付申請 | 04 交付申請 | 03 交付申請 | 04 交付申請 |
| | 05 交付決定通知 | 04 交付決定通知 | 05 交付決定通知 |
| 事業実施 | 06 補助対象事業実施 | 05 補助対象事業実施 | 06 補助対象事業実施 |
| | 07 実績報告 | 06 実績報告 | 07 実績報告 |
| 事業完了後 | 08 確定検査・補助金交付 | 07 確定検査・補助金交付 | 08 確定検査・補助金交付 |
| 補助金交付後 | 09 後年報告 | 08 後年報告 | |

（出所：事業承継・引継ぎ補助金事務局）

# 9 中小企業等グループ補助金（なりわい再建支援事業／令和4年福島県沖地震）

　令和4年福島県沖地震で被災された中小企業等の事業継続、再開に向けた各種支援策として、複数の中小企業等がグループを形成して取り組む復興のための施設復旧等を支援します。

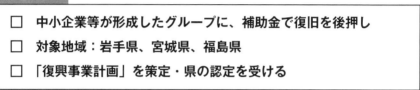

## POINT

- ☐ 中小企業等が形成したグループに、補助金で復旧を後押し
- ☐ 対象地域：岩手県、宮城県、福島県
- ☐ 「復興事業計画」を策定・県の認定を受ける

| | |
|---|---|
| 対象者 | 2022年福島県沖地震で被災した中小企業等の施設・設備の復旧・整備を補助する地域経済・雇用に重要な役割を果たすものとして県から認定を受けた中小企業者等<br>▶対象地域：岩手県、宮城県、福島県 |
| 手続 | 補助金を受けるために必要な手続き<br>①複数の企業でグループを形成→復興事業計画を作成→県へ申請・計画の認定を受ける。<br>　▶グループの作り方等については、最寄りの商工会や商工会議所、市町の窓口で相談<br>②復興事業計画の認定後、計画に記載された個々の企業が、県へ補助金を申請し、交付決定を受ける。 |
| 対象経費 | 施設・設備の復旧費用等 |
| 補助内容 | 補助率<br>　中小企業者3／4以内（国1／2・県1／4）<br>　中小企業者以外1／2以内（国1／3・県1／6）<br>補助上限額：1事業者当たり15億円 |

| 公募情報 | 2022年度：第6回　2022年12月5日〜12月19日（自治体による） |
|---|---|
| 問い合わせ先 | ○岩手県　商工労働観光部　経営支援課<br>☎019-629-5548<br>○宮城県　経済商工観光部　企業復興支援室<br>☎022-211-2765<br>○福島県　商工労働部　経営金融課<br>☎024-572-7029 |

**災害時支援**

# 10 中小企業等グループ施設等復旧整備補助事業（グループ補助金）

東日本大震災において被害を受けた中小企業等グループの復興事業計画
の取組みを応援する補助金です。

**POINT**

- ☐ 東日本大震災の復興支援（岩手県、宮城県、福島県対象）
- ☐ 「地域経済の中核」を形成する中小企業等グループを支援
- ☐ 復興事業計画を作成、県の認定を受ける

| | |
|---|---|
| 対象者 | 東日本大震災において被害を受けた「地域経済の中核」を形成する中小企業等グループ<br>（対象地域）<br>岩手県、宮城県、福島県 |
| 対象事業 | 復興事業計画を作成し県の認定を受け、当該計画に基づき行う取組み |
| 対象経費 | 施設・設備の復旧・整備費用など |
| 補助内容 | 補助率<br>　3／4（国1／2、県1／4） |
| 公募情報 | 2023年度<br>（第1回）2023年4月24日〜6月13日<br>（第2回）2023年9月1日〜10月上旬予定 |
| 問い合わせ先 | ○岩手県　商工労働観光部　経営支援課<br>　☎019-629-5548<br>○宮城県　経済商工観光部　企業復興支援室<br>　☎022-211-2765<br>○福島県　商工労働部　経営金融課<br>　☎024-572-7001 |

# 11 先進的省エネルギー投資促進（・需要構造転換）支援事業費補助金

省エネ

国内で事業を営む法人・個人事業者の省エネルギー対策における工場・事業場でのエネルギー消費効率の高い設備・システム導入等の取組みを支援する補助金です。

## POINT

- □ **省エネルギー性能の高い設備・システム導入等を支援**
- □ **先進事業・オーダーメイド型事業・指定設備導入事業・エネマネ事業の4事業**
- □ **「先進設備・システム」「オーダーメイド型設備」「指定設備」「EMS機器」の導入を支援**

| 対象者 | 国内で事業を営む法人・個人事業者（大企業は省エネ法Sクラス該当等が対象） |
|---|---|
| 対象事業 | ①(A)先進事業：<br>高い技術力や省エネ性能を有し、今後導入ポテンシャルの拡大等が見込める先進的な省エネ設備等の導入を行う省エネ投資<br>②(B)オーダーメイド型事業：<br>個別に設計が必要な設備等の導入を含む設備更新やプロセス改修による省エネ取組み<br>③(C)指定設備導入事業：<br>省エネ性能の高い特定のユーティリティ設備、生産設備等への更新 |

| | |
|---|---|
| 対象事業 | ④(D)エネルギー需要最適化対策事業：<br>エネマネ事業者とエネルギー管理支援サービスを締結し、EMSの制御効果と運用効果でより効率的な省エネ取組み |
| 補助内容 | 補助率・補助額<br>補助率：中小企業者等<br>　　　　1／4～10/10以内（大企業等3／4以内）<br>補助限度額（複数年度上限あり）<br>①・②　15億円/年度<br>③・④　1億円/年度 |
| 公募情報 | 2023年度　第1次：2023年3月27日～4月24日<br>　　　　　　第2次：5月下旬～6月下旬予定 |
| 問い合わせ先 | 一般社団法人 環境共創イニシアチブ<br>先進事業<br>　☎03-5565-3840<br>オーダーメイド型事業・エネルギー需要最適化対策事業<br>　☎03-5565-4463<br>指定設備導入事業<br>　☎0570-008-726　IPTEL 042-204-1710 |

**参考** 脱炭素・カーボンニュートラルの取組支援

中小企業・小規模事業者の脱炭素・カーボンニュートラルへの取組みについて、以下のような支援が行われています。

- 省エネ補助金（省エネルギー投資促進・需要構造転換支援事業費補助金等）：省エネルギー性能の高い設備や機器への更新等を支援（一般社団法人　環境共創イニシアチブ）
- 中小企業等に向けた省エネルギー診断拡充事業費補助金：省エネルギー診断で設備を点検して光熱費削減を支援（一般社団法人　環境共創イニシアチブ）
- IT導入補助金（通常枠A・B類型）：IT導入により$CO_2$排出量やエネルギー使用量を把握し、生産性向上を図る取組みを支援
- ものづくり補助金（グリーン枠）：温室効果ガス削減と生産性向上に資する設備投資等を支援
- 事業再構築補助金（グリーン成長枠）：グリーン成長戦略「実行計画」14分野の課題解決への取組みを支援
- CEV補助金（クリーンエネルギー自動車導入促進補助金）：社用車等のクリーンエネルギー自動車導入を支援（一般社団法人次世代自動車振興センター）
- カーボンニュートラル相談窓口：中小企業・小規模事業者を対象に専門家による対面・WEB相談を実施（無料）（中小企業基盤整備機構）

# 12 支援事業(よろず支援拠点・専門家派遣事業・創業支援事業・下請かけこみ寺事業)

　中小企業が抱える経営課題について、専門家が解決支援する制度です。よろず支援拠点、専門家派遣事業、創業支援事業、下請かけこみ寺事業などがあります。

## ○よろず支援拠点

| 対象者 | 中小企業・小規模事業者、NPO法人・一般社団法人等、創業予定者 |
|---|---|
| 支援事業 | 国が全国に設置する経営相談所で、中小企業・小規模事業者等の売上拡大、経営改善など経営上の悩み相談窓口(無料) |
| 問い合わせ先 | 中小企業基盤整備機構・よろず支援拠点全国本部　☎03-5470-1581　https://yorozu.smrj.go.jp |

## ○専門家派遣事業

| 対象者 | 中小企業・小規模事業者 |
|---|---|
| 支援事業 | ①中小企業119<br>　派遣相談は年度の2月末日まで(初回無料)<br>　※予算により早期終了もあり<br>②東京都中小企業振興公社・各産業振興財団<br>　1企業最大8回まで専門家の派遣が可能(費用は専門家の派遣1回当たり11,750円+派遣に係る交通費実費の1/2)など |

| | |
|---|---|
| 専門家派遣 | 税理士、公認会計士、弁護士、中小企業診断士、その他公的資格を有する者等、豊富な経営支援の実績があり支援機関の推薦を受けた全国の専門家 |

| 経営課題例 |
|---|
| 経営革新、地域資源活用、農商工等連携、連携、海外展開創業・事業再生・再チャレンジ・事業承継、ものづくり、ITを活用した経営力強化、知的資産経営、雇用・労務関係、資金繰り、販路拡大・販促支援、債権保全・回収、契約・取引　など |

| | |
|---|---|
| 問い合わせ先 | ①中小企業119（専門家派遣事業）<br>☎03-5542-1685<br>https://chusho119.go.jp<br>②東京都中小企業振興公社<br>☎03-3251-7881<br>https://www.tokyo-kosha.or.jp/support/shien/specialist/ |

### 中小企業119とは

無料で経営相談。無料で専門家派遣。課題解決をサポートします。

（出所：中小企業119　https://chusho119.go.jp/）

## ○創業支援事業

| 対象者 | 東京都内の創業予定者、創業後5年未満の中小企業等 |
|---|---|
| 支援事業 | ①創業助成事業<br>②インキュベーション施設設備・運営費補助事業　など |
| 支援内容 | ①創業助成事業<br>　人件費、賃借料、器具備品費など創業期に必要な経費の一部を助成（最長2年・限度額300万円・下限額100万円・助成率2／3以内）<br>②インキュベーション施設設備・運営費補助事業<br>　施設運営のレベルアップに必要な整備・改修・運営経費を補助 |
| 問い合わせ先 | 東京都中小企業振興公社・事業戦略部創業支援課<br>☎03-5220-1142<br>① https://startup-station.jp/m2/services/sogyokassei/<br>② https://startup-station.jp/m2/services/sogyokassei-incu/ |

## ○下請かけこみ寺事業（中小企業庁委託事業）

| 対象者 | 中小企業・個人事業主・フリーランス |
|---|---|
| 支援内容 | 代金未払い、値引き、知財の侵害等の取引上の悩み相談を受付<br>①無料相談（電話・オンライン・対面）<br>　中小企業の取引に関する悩みに相談員や弁護士が対応<br>②調停による紛争解決<br>　裁判外紛争解決手続（ADR）で全国の登録弁護士が調停手続 |
| 問い合わせ先 | 全国中小企業振興機関協会<br>下請かけこみ寺　　　☎0120-418-618<br>消費税転嫁対策相談　☎0120-300-217<br>https://www.zenkyo.or.jp/kakekomi |

# **13** 融資制度
# 自治体の融資制度

　各自治体では、自治体による融資制度（制度融資）があります。制度融資は、自治体、信用保証協会、金融機関の三者協力で、中小企業の資金調達の円滑化を図る制度です。

## POINT

- ☐ **自治体ごとの融資制度がある（制度は必ず確認）**
- ☐ **「制度融資」は自治体・信用保証協会・指定金融機関が三者協調で融資を支援**

| 対象者 | 中小企業者等 |
|---|---|
| 資金使途 | 創業、小口資金、産業力強化、経営支援、企業再建、リバイバル支援、資金状況改善（クイックつなぎ、借換え）　など |
| 融資内容 | （中小企業者等）<br>↓　　　　中小企業者等の信用保証を受ける<br>（信用保証協会）　制度融資には信用保証協会の保証が必要。経営者の人物、資金使途、返済能力等を重視して審査。<br>↓<br>（金融機関）　自治体の定める条件で融資を受ける |
| 問い合わせ先 | 各自治体、信用保証協会、金融機関<br>各産業労働局・金融部金融課<br>☎03-5320-4877（東京都）<br>https://seido-navi.mirasapo-plus.go.jp/（ミラサポplus（制度ナビ）） |

**【東京都中小企業制度融資】主な新規・拡充制度**

●政策課題対応資金（HTT・SDGs・DX・育業等）の創設

　・HTT・SDGs・DX推進・イノベーション創出・テレワーク、育業や賃上げ関連の取組を支援

　・脱炭素促進支援特例（利率▲0.6%優遇）

●創業融資の拡充・新設

　・創業の拡充（信用保証料補助：全事業者 2 / 3 補助）・上限金利の引下げ

　・創業経営者保証不要型（全国統一保証制度：スタートアップ創出促進保証）の創設

　・先進的創業特例の創設（融資限度額8,000万円、信用保証料 2 / 3 補助）

●新型コロナウイルス感染症・ウクライナ情勢・円安・エネルギー等対応緊急融資の継続


東京都産業労働局金融部金融課

　☎03-5320-4877

https://www.sangyo-rodo.metro.tokyo.lg.jp/chushou/kinyu/yuushi/yuushi/

# 14 日本政策金融公庫の融資制度

　日本政策金融公庫は、政府100%出資の政策金融機関です。中小企業を支援する「中小企業事業」、小規模事業者や創業者などを支援する「国民生活事業」、農林水産事業を支援する「農林水産事業」の3事業に分かれています。融資先の約9割が従業者9人以下、約半数が個人事業主です。

## 融資制度例（国民生活事業）

### ○新規開業資金（新企業育成貸付）

| | |
|---|---|
| 対象者 | 新たに事業を開始、事業開始後おおむね7年以内の者など |
| 資金使途 | 新たに事業を始めるため、または事業開始後に必要とする資金 |
| 担保・保証人 | 応相談 |
| 融資額 | 最高7,200万円（うち運転資金4,800万円） |
| 返済期間 | 設備資金：20年以内（据置期間2年以内）<br>運転資金：7年以内（据置期間2年以内） |
| 利　率 | 基準利率・担保なしの場合：年1.97%～（2023年5月1日現在）<br>▶資金使途・返済期間・担保の有無等で異なる |
| 問い合わせ先 | 日本政策金融公庫　☎0120-154-505<br>https://www.jfc.go.jp/ |

第3章

「経営ステージ」を活かす！補助金

## ○新創業融資制度

| | |
|---|---|
| 対象者 | 新たに事業を開始、事業開始後税務申告を2期終えていない者など |
| 資金使途 | 新たに事業を始めるため、または事業開始後に必要とする資金 |
| 担保・保証人 | 原則不要 |
| 融資額 | 最高3,000万円（うち運転資金1,500万円） |
| 返済期間 | 実際利用する各融資制度（新規開業資金等）で定める返済期間 |
| 利　率 | 基準利率の場合：年2.27%〜（2023年5月1日現在）<br>▶資金使途・返済期間等で異なる |
| 問い合わせ先 | 日本政策金融公庫　☎0120-154-505 |

## ○小規模事業者経営改善資金（マル経融資）

| | |
|---|---|
| 対象者 | 従業員20人以下の小規模事業者（宿泊業及び娯楽業以外の商業・サービス業は5人以下）で次の条件を満たす者<br>・商工会議所・商工会の経営指導員による経営指導を、原則6カ月以上受けている。<br>・各種税金を原則完納している。<br>・同一商工会等の地区で、1年以上事業を行っている。<br>・商工業者、かつ、日本政策金融公庫の融資対象業種。<br>・商工会議所会頭、商工会会長等の推薦が必要。 |
| 資金使途 | 経営改善のための運転資金や設備資金 |
| 担保・保証人 | 不要 |
| 融資額 | 最高2,000万円 |
| 返済期間 | 設備資金：10年以内（据置期間2年以内）<br>運転資金：7年以内（据置期間1年以内） |
| 利　率 | 年1.12%（2023年5月1日現在）<br>▶金利情勢等で異なる |

| | |
|---|---|
| | 災害マル経<br>東日本大震災や令和 2 年 7 月豪雨などで被害を受けた特定被災区域に所在する小規模事業者の場合、別枠で1,000万円（別枠部分について、貸付後 3 年間は金利を更に0.9%引き下げ） |
| 問い合わせ先 | 最寄りの商工会議所・商工会<br>日本商工会議所・中小企業振興部　☎03-3283-7823<br>https://www.jcci.or.jp/sme/marukei/ |

## ○新事業活動促進資金

| | |
|---|---|
| 対象者 | ①下記の承認や認定を受けた者<br>　・「経営革新計画」承認<br>　・「農商工等連携事業計画」の認定<br>　・「基盤確立事業実施計画」の認定<br>　・「経営力向上計画」の認定<br>②技術・ノウハウ等に新規性がみられる者<br>③中小企業等経営強化法に基づく経営強化の新たな取り組みを行い、 2 年間で 4 ％以上付加価値額の伸び率が見込まれる者<br>④上記①〜③以外で新たに経営多角化・事業転換を図る者（または、多角化・転換後おおむね 5 年以内の者）など |
| 資金使途 | 事業を行うために必要とする設備資金・運転資金<br>▶上記④に該当する者は、既存事業の全部または一部の廃止・縮小のための運転資金を含む |
| 担保・保証人 | 応相談 |
| 融資額 | 最高7,200万円（うち運転資金4,800万円） |
| 返済期間 | 設備資金：20年以内（うち据置期間 2 年以内）<br>運転資金： 7 年以内（うち据置期間 2 年以内） |

| 利　率 | 基準利率・担保なしの場合：年1.97%〜（2023年5月1日現在）<br>▶資金使途・返済期間・担保の有無等で異なる |
|---|---|
| 問い合わせ先 | 日本政策金融公庫　☎0120-154-505 |

## ○女性・若者／シニア起業家支援資金

| 対象者 | 女性または35歳未満か55歳以上で、新たに事業を開始、事業開始後おおむね7年以内の者 |
|---|---|
| 資金使途 | 新たに事業を開始するための資金、事業開始後の必要資金 |
| 担保・保証人 | 応相談 |
| 融資額 | 最高7,200万円（うち運転資金4,800万円） |
| 返済期間 | 設備資金：20年以内（うち据置期間2年以内）<br>運転資金：7年以内（うち据置期間2年以内） |
| 利　率 | 基準利率・担保なしの場合：年1.97%〜（2023年5月1日現在）<br>▶資金使途・返済期間・担保の有無等で異なる |
| 問い合わせ先 | 日本政策金融公庫　☎0120-154-505 |

## ○企業活力強化資金

| 対象者 | ・卸売業・小売業・飲食サービス業・サービス業・不動産賃貸業などの事業者<br>・不動産賃貸業で、空家等対策の計画策定市町村区域内で老朽化した賃貸用不動産の改修を行う者<br>・取引先に対する支払条件の改善に取り組む者<br>・商店街活性化促進事業計画に基づき、空き店舗を利用する事業者<br>・卸売業、小売業、飲食サービス業、サービス業等でキャッシュレス決済導入により生産性向上を図る者 |
|---|---|

| | ・親事業者の生産拠点の閉鎖・縮小、発注内容の見直しまたは脱炭素化の取組みの要請に伴い、自らの取引環境の改善に取り組む者 |
|---|---|
| 資金使途 | 事業計画実施のために必要な設備資金・運転資金 |
| 担保・保証人 | 応相談 |
| 融資額 | 最高7,200万円（うち運転資金4,800万円） |
| 返済期間 | 設備資金：20年以内（うち据置期間2年以内）<br>運転資金：7年以内（うち据置期間2年以内） |
| 利　率 | 基準利率・担保なしの場合：年1.97%〜（2023年5月1日現在）<br>▶資金使途・返済期間・担保の有無等で異なる |
| 問い合わせ先 | 日本政策金融公庫　☎0120-154-505 |

## ○挑戦支援資本強化特別貸付（資本性ローン）

| | |
|---|---|
| 対象者 | 法人・個人企業で次の①〜③のすべての要件を満たす者<br>①次のいずれかの融資制度の対象者<br>　・新規開業資金<br>　・新事業活動促進資金<br>　・海外展開・事業再編資金<br>　・事業承継・集約・活性化支援資金<br>　・企業再建資金<br>②地域経済の活性化事業を行う<br>③税務申告を1期以上行っている場合、所得税等を原則完納 |
| 資金使途 | スタートアップ・新事業展開・海外展開・事業再生等に取り組む者の財務体質強化等を図るための資金 |
| 担保・保証人 | 無担保・無保証人 |
| 融資額 | 最高7,200万円 |

| 返済期間 | ５年１カ月以上20年以内、期限一括返済（利息は毎月払） |
| --- | --- |
| 利　率 | 融資１年ごとに、直近決算の業績に応じて適用（0.50〜4.65%：2023年５月１日現在） |
| 問い合わせ先 | 日本政策金融公庫　☎0120-154-505 |

## COLUMN ▶ セーフティネット貸付制度

　経営は航海のようなもの、明日何が起こるかわかりません。たとえわが社が健全経営でも「取引先の倒産」はいつ起こるかわかりません。万一の不測の事態に備えるリスク対策の一つに、連鎖倒産を防ぐための次のような緊急融資制度があります。

### 1　経営環境変化対応資金（セーフティネット貸付）

　日本政策金融公庫の融資制度で、経営環境などの変化により資金繰りに影響を受けた小規模事業者に対して、緊急に融資で支援を行う制度です。

| 対象者 | 経営環境などの変化により、一時的に売上減少等で資金繰りに影響を受けた小規模事業者 |
|---|---|
| 資金使途 | 経営改善のための運転資金や設備資金<br>（融資限度4,800万円） |
| 問い合わせ先 | 日本政策金融公庫　☎0120-154-505<br>https://www.jfc.go.jp/ |

　セーフティネット貸付には、このほか取引先企業倒産対応資金（取引企業等の倒産による経営困難：別枠3,000万円）、農林漁業セーフティネット資金（災害被害等：600万円など）があります。

### 2　経営セーフティ共済（中小企業倒産防止共済制度）

　中小企業基盤整備機構の共済制度で、あらかじめ共済に加入し掛け金を払い込むことで、万一の場合、共済加入者に迅速に資金を融資する共済制度です。取引先の予期せぬ倒産による「連鎖倒産・経営難から中小企業を守る制度」です。

| 対象者 | 経営セーフティ共済の加入者（引き続き1年以上事業を行っている中小企業者や組合で一定の者） |
|---|---|
| 支援内容 | 加入後6カ月以上経過後、取引先事業者の倒産で売掛金債権等が回収困難となった場合、無担保・無保証人で、掛金（月額5,000円〜20万円）の10倍まで（最高8,000万円）の貸付けが受けられる |
| 問い合わせ先 | 中小企業基盤整備機構・共済相談室<br>☎050-5541-7171<br>https://www.smrj.go.jp/kyosai/tkyosai/index.html |

# 第4章

## 「人」を活かす！
## 助成金

# 1 雇入れ トライアル雇用助成金（一般トライアルコース）

　職業経験、技能、知識の不足などで安定的な就職が困難な者を、一定期間試行雇用（トライアル雇用）してから常用雇用に移行するきっかけとして活用できる助成金です。

　①事前にトライアル雇用求人をハローワーク、民間の職業紹介事業者等に提出、②上記①の紹介により、原則3カ月間有期雇用で雇い入れ。

## POINT

- ☐　2年以内に2回以上離職・転職等の就職困難者の雇用で活用！
- ☐　生活保護受給者やフリーター等（55歳未満）や生活困窮者、ウクライナ避難民も対象

| | |
|---|---|
| 対象者 | 対象事業主<br>・常用雇用（一週間の所定労働時間が30時間以上の無期雇用）を希望し、トライアル雇用についても希望している者をハローワークや職業紹介事業者等からの紹介により雇い入れ、原則3カ月トライアル雇用<br>・トライアル雇用終了後も継続雇用する場合、特定求職者雇用開発助成金の一部受給やトライアル雇用助成金（若年女性建設労働者トライアルコース）の受給可能あり（P.86参照）<br>対象者<br>・紹介日前日から2年以内に、2回以上離職または転職を繰り返している者<br>・紹介日前日に離職期間（パート・アルバイト等も含む）が1年超の者<br>・妊娠、出産または育児を理由として離職した者で、紹介日前日において1年超（離職前の期間は除く）安定した職業に就いていない者 |

84

| | |
|---|---|
| | ・55歳未満でハローワーク等において、担当者制による個別支援などを受けている者　　など |
| 助成期間 | 1カ月単位・最長3カ月 |
| 助成内容 | 対象者1人につき月額最大4万円<br>▶母子家庭の母等、父子家庭の父：1人につき月額最大5万円（最長3カ月）　トライアル雇用終了後も引き続き継続雇用する場合、特定求職者雇用開発助成金の一部受給対象 |
| 問い合わせ先 | 労働局またはハローワーク／厚生労働省<br>☎03-5253-1111 |

```
トライアル      ── ①一般トライアルコース　P.84
雇用助成金     ── ②障害者 ( 障害者トライアルコース      ) P.96
                              ( 障害者短時間トライアルコース )
              ── ③若年・女性建設労働者トライアルコース
                   （建設業の中小事業主対象）
```

参考　若者人材確保に役立つ！　ユースエール認定制度

　「ユースエール認定制度」とは、若者雇用促進法に基づく若者の採用・育成支援のための認定制度で、採用・育成に積極的で、若者の雇用管理の状況等が優良な中小企業（常時雇用する労働者が300人以下）を厚生労働大臣が認定するものです。

　認定企業には、「わかものハローワーク」や「新卒応援ハローワーク」などでの企業のPRやイメージアップ、日本政策金融公庫の低金利融資、公共調達の加算評価があります。

（出所：厚生労働省）

# 2 雇入れ
## 特定求職者雇用開発助成金

　高年齢者や障害者など就職が特に困難な者を、ハローワークや民間の職業紹介事業者等の紹介により、継続して雇用する労働者として雇い入れる事業主が活用できる助成金です。

## POINT

- ☐ **高年齢者や障害者、母子家庭の母等の就職困難者を継続雇用**
- ☐ **ハローワークや民間の職業紹介事業者等の紹介→雇い入れ**
- ☐ **一定の年数以上継続雇用することが、雇入れ時点で確実**

| 対象者 | 65歳未満の高年齢者や障害者などの就職困難者を、ハローワーク等の紹介により、一般被保険者等（継続雇用確実）として雇い入れる事業主 |
|---|---|
| | **対象者 ➡ 助成金** |
| | ①就職困難者　　　　　➡**特定就職困難者コース**<br>（60歳以上65歳未満の高年齢者・障害者・母子家庭の母等）※1 |
| | ②発達障害者・難治性<br>疾患患者※1　　　➡**発達障害者・難治性疾患患者雇用開発コース**（P.98参照） |
| | ③正規雇用に就くこと➡**就職氷河期世代安定雇用実現**<br>が困難な者　　　　　**コース**<br>・雇入れ現在の満年齢：35歳以上55歳未満<br>・紹介日時点で失業状態または非正規雇用労働者で、ハローワーク等の就労支援を受けている<br>・直近5年間に正規雇用労働者の雇用期間が通算1年以下などの条件あり※2 |

| | |
|---|---|
| | ④生活保護受給者等※3 |
| |        ➡**生活保護受給者等雇用開発コース** |
| | （自治体からハローワークへの就労支援要請者） |
| | ⑤成長分野等の業務従 |
| | 事者    ➡**成長分野等人材確保・育成コース** |
| | （デジタル・グリーン分野等の業務従事者として継続雇用） |

※1　雇用保険一般被保険者として雇い入れ、かつ、65歳以上まで2年以上継続雇用が確実と認められる者

※2　雇用保険の一般被保険者として雇用が確実であると認められる者

※3　雇用保険の一般被保険者として雇い入れ、2年以上継続雇用が確実であると認められる者

| 助成内容 | コース | 助成内容（1人当たり）<br>支給時期：支給対象期ごとに支給<br>助成対象期間：1～3年・コースにより異なる | | |
|---|---|---|---|---|
| | | 区　分 | 中小企業 | 中小企業以外 |
| | ①特定就職困難者 | 高年齢者・母子家庭の母等 | | |
| | | 　短時間労働者以外 | 60万円 | 50万円 |
| | | 　短時間労働者 | 40万円 | 30万円 |
| | | 身体・知的障害者 | | |
| | | 　重度以外 | 120万円 | 50万円 |
| | | 　重度または45歳以上 | 240万円 | 100万円 |
| | | 精神障害者 | 240万円 | 100万円 |
| | | 　短時間労働者 | 80万円 | 30万円 |
| | ②発達障害者・難治性疾患患者雇用開発 | 短時間労働者以外 | 120万円 | 50万円 |
| | | 短時間労働者 | 80万円 | 30万円 |
| | ③就職氷河期世代安定雇用実現 | | 60万円 | 50万円 |

| | | | | |
|---|---|---|---|---|
| ④生活保護<br>受給者等<br>雇用開発 | 短時間労働者以外<br>短時間労働者 | 60万円<br>40万円 | 50万円<br>30万円 | |
| ⑤成長分野<br>等人材確<br>保・育成<br>コース | 短時間労働者以外<br><br>短時間労働者 | 90〜360<br>万円<br>60〜120<br>万円 | 75〜150<br>万円<br>45〜60<br>万円 | |
| ※　短時間労働者：1週間の所定労働時間20時間以上30<br>時間未満の者 | | | | |
| 問い合わせ先 | 各都道府県労働局またはハローワーク／厚生労働省<br>☎03-5253-1111 | | | |

## 支給申請の流れ

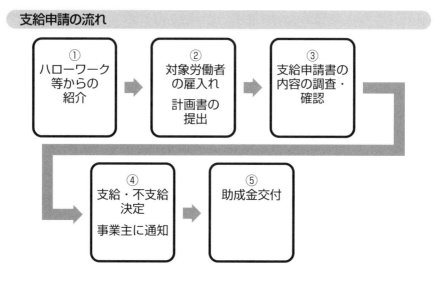

①ハローワーク等からの紹介 → ②対象労働者の雇入れ　計画書の提出 → ③支給申請書の内容の調査・確認 → ④支給・不支給決定　事業主に通知 → ⑤助成金交付

# 3 地域雇用開発助成金 (地域雇用開発コース)

同意雇用開発促進地域（求職者数に比べ雇用機会が著しく不足している地域）、過疎等雇用改善地域（若年層や壮年層の流出が著しい地域）等で事業所の設置・整備を行い、あわせて地域求職者を雇用する際に活用できる助成金です。

## POINT

- ☐ **雇用情勢が特に厳しい地域で、事務所を設置整備し労働者を雇い入れる**
- ☐ **創業・起業＋雇用で活用**
- ☐ **同意雇用開発促進地域、過疎等雇用改善地域、特定有人国境離島等地域が対象**

| 対象者 | 同意雇用開発促進地域、過疎等雇用改善地域、特定有人国境離島等地域で事業所の設置・整備を行い、あわせてハローワークなどの紹介で地域求職者を雇用する事業主 |
|---|---|
| 助成期間 | 最大3回 |
| 助成内容 | ○同意雇用開発促進地域等内の設置・整備費用および対象労働者の増加数に応じて一定額を助成：<br>50〜800万円※<br>※ 2023年4月以降に計画届を提出した場合<br>○同意雇用開発促進地域内の大規模雇用開発、地域活性化雇用創造プロジェクト、地方創生応援税制（企業版ふるさと納税）寄附の事業主の特例あり |

第4章

「人」を活かす！助成金

89

| | ○創業の１回目増額支給、中小企業事業主の１回目支給額の１/２上乗せの制度あり |
|---|---|
| 問い合わせ先 | 各都道府県労働局またはハローワーク／厚生労働省 ☎03-5253-1111 |

参考 沖縄若年者雇用促進コース

　地域雇用開発助成金には「沖縄若年者雇用促進コース」もあります。

　沖縄県の区域内に事業所の設置または整備に伴い、沖縄県内居住の35歳未満の若年求職者を３人以上雇い入れ、その定着を図る県内の事業主が活用できます。賃金相当額の1/4〜1/2・１人各支給対象期60万円・年間120万円限度を助成。

# 4 再就職支援 労働移動支援助成金

　事業規模の縮小等により、離職を余儀なくされる離職者の円滑な再就職支援を図る事業主に助成されるものです。

## POINT

☐ **離職を余儀なくされる離職者の早期再就職を目的**

☐ **「再就職支援コース」と「早期雇入れ支援コース」の2コース**

☐ **「早期雇入れ支援」の優遇助成（1人40万円など）あり**

| | |
|---|---|
| 対象者 | 中小企業主等（各コースごとで異なる） |
| 概　要 | ①**再就職支援コース**：再就職支援を行う事業主に助成<br>　民間職業紹介事業者に委託等して行う、離職を余儀なくされる労働者の再就職支援<br>　▶再就職支援を委託した職業紹介事業者の支援を一度も受けずに再就職が実現した場合は、助成対象外<br>②**早期雇入れ支援コース**：雇用する事業主に助成<br>　離職を余儀なくされた労働者を離職後3カ月以内に、期間の定めのない労働者として雇用<br>★中途採用・移住者の採用→中途採用等支援助成金（P.93参照） |

| | | 助成額 | |
|---|---|---|---|
| 助成内容 | コース | 助成対象 | 助成額 |
| | ①再就職支援 | ・再就職支援（職業紹介事業者への委託費用） | 上限1人60万円<br>委託費用（訓練委託費等を除く）×1/4〜<br>訓練加算（上限30万円）、グループワーク加算（3回以上実施で1万円） |

| | | ・休暇付与支援 | 日額5,000円〜上限180日分<br>早期再就職加算１人10万円 |
|---|---|---|---|
| | | ・職業訓練実施支援 | 上限30万円 |
| | ②早期雇入れ支援 | ・早期雇入れ支援 | ①通常助成１人30万円<br>②優遇助成１人40万円<br>③優遇助成（賃金上昇区分）<br>　１人20万円<br>　※　優遇助成について、新型コロナウイルス感染症の影響により離職した45歳以上の者を、離職前と異なる業種の事業所で雇い入れた場合には、40万円加算<br>上限：①〜③いずれも１年度１事業所500人分 |
| | | ・人材育成支援 | 800円〜/時：訓練により異なる<br>①OFF-JT<br>　・賃金助成（上限600時間）：<br>　　900円/時〜1,100円/時<br>　・訓練経費助成：実費相当額（上限30万円〜50万円）<br>②OJT<br>　訓練実施助成（上限340時間）：900円/時〜1,000円/時 |
| | ※　生産性要件を満たす場合は加算あり | | |
| 問い合わせ先 | 各都道府県労働局またはハローワーク／厚生労働省<br>☎03-5253-1111 | | |

## 5 就職・再就職拡大支援
# 中途採用等支援助成金

　転職・再就職者の支援のため、中途採用の拡大、東京圏からの移住者を雇用する事業主が活用できる助成金です。

**POINT**

☐　**2コース　①中途採用拡大　②UIJターン**

☐　**中途採用拡大：雇い入れの前に中途採用計画の作成・提出**

| | 概　要　　　　　➡　　　助成金 | |
|---|---|---|
| 対象者 | ①中途採用を拡大　　　　**➡中途採用拡大コース**<br>・中途採用者の雇用制度を整備<br>・中途採用率の拡大、45歳以上の中途採用率の拡大 | |
| | ②東京圏からの移住者を雇用　**➡UIJターンコース**<br>・地方公共団体の移住支援事業を利用したUIJターン者が対象 | |
| 助成内容 | コース | 助成内容 |
| | ①中途採用拡大 | ○中途採用拡大助成<br>　Ⓐ中途採用率の拡大　50万円<br>　　中途採用率を20ポイント以上上昇<br>　Ⓑ45歳以上の中途採用率の拡大　100万円<br>　　以下すべてを満たす場合<br>　　・中途採用率を20ポイント以上上昇<br>　　・うち、45歳以上労働者で10ポイント以上上昇<br>　　・45歳以上労働者全員の賃金を前職と比べて5％上昇 |
| | ②UIJターン | 助成対象経費（就職説明会等の採用活動に要した実費経費等）の1/3（中小企業の場合1/2）・上限100万円 |

| 問い合わせ先 | 各都道府県労働局またはハローワーク／厚生労働省<br>☎03-5253-1111 |
| --- | --- |

## 中途採用拡大コースの流れ

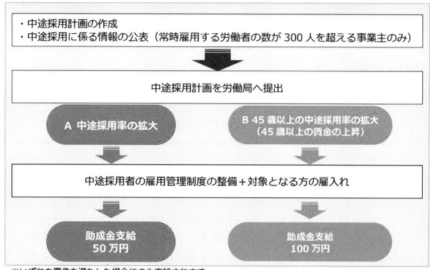

・中途採用計画の作成
・中途採用に係る情報の公表（常時雇用する労働者の数が 300 人を超える事業主のみ）

中途採用計画を労働局へ提出

A 中途採用率の拡大

B 45 歳以上の中途採用率の拡大
（45 歳以上の賃金の上昇）

中途採用者の雇用管理制度の整備＋対象となる方の雇入れ

助成金支給
50 万円

助成金支給
100 万円

※いずれも要件を満たした場合にのみ支給されます。
※【Ａ中途採用率の拡大】、【Ｂ45 歳以上の中途採用率の拡大】では一部要件や申請に必要な書類等が異なります。詳細は本項目以降をご覧ください。

（出所：厚生労働省）

## 受給手続きの流れ

(受給手続きの流れ：【Ⓐ中途採用率の拡大】の場合)

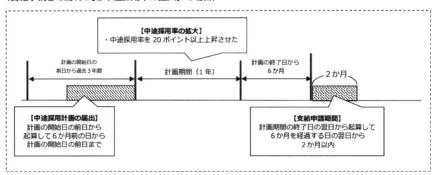

(受給手続きの流れ：【45歳以上の中途採用率の拡大】の場合)

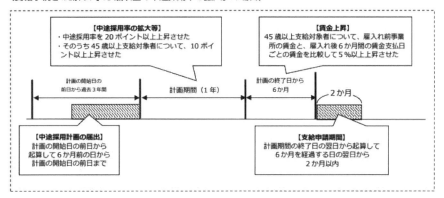

（出所：厚生労働省）

# 6 障害者を支援する助成金

## 障害者を支援する主な助成金

雇入れ

雇用環境整備

| トライアル雇用 継続雇用 | 職場定着・適応 教育訓練 | 施設等の整備 雇用管理 |

**トライアル雇用 継続雇用**

○トライアル雇用助成金

　障害者トライアルコース障害者短時間トライアルコース
　（P.97 参照）

○特定求職者雇用開発助成金

　特定就職困難者コース
　　（P.98 参照）
　発達障害者・難治性疾患患者雇用開発コース
　　（P.98 参照）

**職場定着・適応 教育訓練**

○キャリアアップ助成金
　（障害者正社員化コース）
　　（P.99 参照）

○障害者介助等助成金
　　（P.99 参照）

○人材開発支援助成金

　障害者職業能力開発コース
　　（P.102 参照）

○職場適応援助者助成金 （ジョブコーチによる支援）
　　（P.100 参照）

**施設等の整備 雇用管理**

○障害者作業施設設置等助成金（**作業施設等の設置整備**）
　　（P.101 参照）

○障害者福祉施設設置等助成金
　（福祉増進を図る**福祉施設等の設置**）

○障害者介助等助成金
　（雇用管理に必要な**介助者等の配置**等）

○重度障害者等通勤対策助成金
　（**通勤**を容易にする住宅手当等の**措置**）

○重度障害者多数雇用事業所施設設置等助成金
　（**多数継続雇用**の事業施設等の整備）

ATTENTION

　就職困難な障害者の雇用で活用できる助成金として「障害者トライアルコース」と「障害者短時間トライアルコース」の2つがあります。対象者に応じてトライアル雇用の期間も違うため、労働者に合ったコースを選択しましょう。

**POINT**

☐　**障害者の雇用で活用！　一定期間のトライアル雇用で継続雇用を判断**

☐　**継続雇用、かつ、トライアル雇用を希望する者で活用**

☐　**制度によって、トライアル雇用の期間や助成額も違う**

| | |
|---|---|
| 対象者 | **①障害者トライアルコース**<br>就職困難な障害者をハローワークまたは民間の職業紹介事業者等の紹介で、一定期間（原則3カ月・精神障害者は原則6カ月で12カ月まで設定可）・週20時間以上勤務で試行雇用を行う事業主<br>**②障害者短時間トライアルコース**<br>直ちに週20時間以上勤務することが難しい精神障害者・発達障害者を3〜12カ月の期間をかけて、週20時間以上の就業を目指す試行雇用を行う事業主 |

| | コース | 助成額（1人当たり） | 助成期間 |
|---|---|---|---|
| 助成内容 | ①障害者トライアル | ①精神障害者<br>　雇入れから3カ月間：<br>　月額最大8万円<br>　雇入れから4カ月以降<br>　月額最大4万円 | 最長6カ月 |
| | | ②①以外<br>　月額最大4万円 | 最長3カ月 |
| | ②障害者短時間トライアル | 月額最大4万円 | 最長12カ月 |

| 問い合わせ先 | 各都道府県労働局またはハローワーク／厚生労働省<br>☎03-5253-1111 |
|---|---|

**参考** 障害者雇用率制度

　事業主には、法定雇用率以上の割合で障害者を雇用する義務があります。

<障害者を雇用しなければならない民間企業の事業主>

・従業員43.5人以上が対象、障害者を１人以上雇用

・民間企業の法定雇用率2.3%

・毎年６月１日時点の障害者雇用状況をハローワークに報告

・「障害者雇用推進者」を選任するよう努める

<精神障害者も対象>

　障害者雇用義務は精神障害者も対象です。精神障害者である短時間労働者（１週間の所定労働時間が20時間以上30時間未満）※については、対象者１人につき１として算定します。

※　雇入れから３年以内等の条件があります。

**特定求職者雇用開発助成金（特定就職困難者コース）** 雇入れ

障害者の雇用で活用できる助成金です（P.86参照）。

**特定求職者雇用開発助成金（発達障害者・難治性疾患患者雇用開発コース）** 雇入れ

　障害者の雇用で活用できる助成金です。発達障害者または難治性疾患患者を、ハローワークまたは民間の職業紹介事業者等の紹介により、常用労働者として雇い入れる事業主に助成されます。

| 対象者 | 雇入れ時点で65歳未満の発達障害者または難治性疾患患者を、ハローワークまたは民間の職業紹介事業者等の紹介により、常用労働者（一般被保険者）として雇い入れ65歳以上まで2年以上継続雇用が確実な事業主 |
|---|---|
| 助成内容 | ・助成額（対象労働者1人につき）<br>　短時間労働者以外：120万円（中小企業以外50万円）<br>　短時間労働者　　：　80万円（中小企業以外30万円）<br>　▶実際に支払った賃金額を上限<br>　　最低賃金の減額特例による助成率<br>　　（1/3または1/4）あり<br>・助成期間1年（中小企業2年）<br>・事業主は、雇入れ者に対する配慮事項等を報告<br>・雇入れから約6カ月後にハローワーク職員等が職場訪問を行う |
| 問い合わせ先 | 各都道府県労働局またはハローワーク／厚生労働省<br>☎03-5253-1111 |

## キャリアアップ助成金・障害者介助等助成金・職場適応援助者助成金 雇用環境整備

　障害者の雇用＋支援で活用できる助成金です。雇用とともにその業務に必要な援助や指導を行う職場支援員や職場適応援助者（ジョブコーチ）を配置する等、障害者の職場適応や職場定着のための支援を行う事業主に助成されます。

| | |
|---|---|
| 対象者 | **①キャリアアップ助成金（障害者社員化コース）**<br>有期雇用労働者等を正規雇用労働者等に転換した事業主<br>**②障害者介助等助成金（職場介助者の配置または委嘱助成金など）**<br>職場定着を図るために職場支援員を配置等した事業主<br>**③職場適応援助者助成金（訪問型職場適応援助者助成金・企業在籍型職場適応援助者助成金）**<br>障害者のために、職場適応援助者（ジョブコーチ）による支援を行う事業主 |
| 助成内容 | <table><tr><td>コース</td><td>助成額</td><td>助成期間</td></tr><tr><td>①キャリアアップ助成金</td><td>・重度身体障害者、重度知的障害者・精神障害者の場合：支給総額　最高120万円<br>・重度以外の身体障害者等の場合：支給総額　最高90万円</td><td>1年</td></tr><tr><td>②障害者介助等助成金</td><td>担当者の配置等障害者相談窓口の場合：月額8万円／人<br>▶措置により異なる</td><td>1年<br>▶措置により異なる</td></tr><tr><td>③職場適応援助者助成金</td><td>1日の支援時間（訪問型職場適用援助者の支援の場合）<br>・4時間以上：16,000円<br>・4時間未満：　8,000円<br>精神障害者の支援は3時間が基準<br>▶養成研修の助成制度あり</td><td>支援計画に基づく支援期間</td></tr></table> |
| 問い合わせ先 | 各都道府県労働局またはハローワーク／厚生労働省<br>☎03-5253-1111<br>独立行政法人高齢・障害・求職者雇用支援機構<br>☎043-297-9500 |

## 障害者作業施設設置等助成金 　雇用環境整備

　障害者の雇用で活用できる助成金です。雇用または継続雇用する障害者のために、その障害者の障害特性による就労上の課題を克服する作業施設等の設置・整備に助成されます。

### POINT

- ☐ **障害特性による就労対策で活用**
- ☐ **第1種：工事や購入等で設置・設備**
  **第2種：賃貸で設置・整備**

| | |
|---|---|
| 対象者 | 雇用または継続雇用する障害者のために、その障害者の障害特性による就労上の課題を克服する作業施設やトイレ、スロープ等の設置・整備を行う事業主 |
| 助成内容 | 支給対象費用の2/3<br>（第1種・第2種ごとに限度額あり） |
| 問い合わせ先 | 独立行政法人　高齢・障害・求職者雇用支援機構<br>☎043-297-9500 |

第4章

「人」を活かす！助成金

## 人材開発支援助成金（障害者職業能力開発コース） 人材開発・教育訓練

　障害者の職業能力の開発・向上のための能力開発訓練事業を行い、障害者の雇用の促進や雇用の継続を図ることを目的とする助成金です。

| | |
|---|---|
| 対象者 | 障害者職業能力開発訓練事業を行うための訓練施設等の設置等<br>　障害者の職業能力の開発・向上のために、能力開発訓練事業を行うための施設または設備の設置、整備、更新を行う事業主等<br>▶障害者職業能力開発訓練事業<br>　障害者の職業能力の開発・向上のために、能力開発訓練等を行う事業主等 |
| 助成内容 | <table><tr><th>助成対象</th><th>助成額</th></tr><tr><td>施設または設備の設置・整備・更新</td><td>支給対象費用の3／4（上限あり：初回5,000万円、更新1,000万円）</td></tr><tr><td>事業の運営費</td><td>支給対象費用の3／4、重度障害者は4／5（上限あり）</td></tr></table>※　重度障害者等が就職した場合、1人10万円が支給される場合あり |
| 問い合わせ先 | 各都道府県労働局またはハローワーク／厚生労働省<br>☎03-5253-1111 |

# 7 雇用環境整備等 人材確保等支援助成金

雇用管理制度（評価・処遇制度、研修制度、健康づくり制度、メンター制度など）を導入し、離職率の低下、人材の定着・確保を図る場合や介護事業主の介護福祉機器等の導入等に助成されます。

**POINT**

☐ **雇用管理制度の導入で離職率の低下・人材定着確保を支援**

☐ **介護事業主対象の助成コースあり**

☐ **建設分野対象の助成コースあり**

| | |
|---|---|
| 対象者 | 雇用管理制度の導入等により、離職率の低下に取り組む事業主<br><br>〈事業主対象〉<br>①**雇用管理制度助成コース**：雇用管理制度（諸手当等制度など）の導入　※整備計画受付休止中<br>②**人事評価改善等助成コース**：生産性向上の人事評価制度の導入　※整備計画受付休止中<br>③**テレワークコース**：良質なテレワークの導入・実施を通じて離職率低下を図る<br>④**外国人労働者就労環境整備助成コース**：外国人労働者の就労環境の整備（就業規則等の多言語化等）<br><br>〈介護事業主対象〉<br>⑤**介護福祉機器助成コース**：介護福祉機器の導入等<br><br>〈中小企業団体対象〉<br>⑥**中小企業団体助成コース**：都道府県の改善計画認定事業主団体の事業<br><br>〈建設分野対象〉<br>⑦**建設キャリアアップシステム等普及促進コース**： |

| | |
|---|---|
| | 賃金テーブルや資格手当を増額改定等<br>**⑧若年者及び女性に魅力ある職場づくり事業コース**：若者・女性の入職や定着を図る事業、広域職業的訓練<br>**⑨作業員宿舎等設置助成コース**：被災三県所在の作業宿舎の賃借等 |
| 概　要 | 雇用管理制度（評価・処遇制度、研修制度、健康づくり制度、メンター制度など）を導入し離職率の低下、人材の定着・確保を図る場合や介護事業主の介護福祉機器等の導入等に助成 |

| コース | 助成額 |
|---|---|
| ①雇用管理制度助成 | 目標達成：57万円 |
| ②人事評価改善等助成 | 目標達成：80万円 |
| ③テレワーク | 上限額：1企業100万円、1人20万円 |
| ④外国人労働者就労環境整備助成 | 上限：57万円＜72万円＞<br>目標達成：対象経費×1/2＜2/3＞ |
| ⑤介護福祉機器助成 | 上限150万円<br>助成率　目標達成：対象経費×20%＜35%＞ |
| ⑥中小企業団体助成 | 上限：600〜1,000万円<br>助成率：対象経費×2/3 |
| ⑦建設キャリアアップシステム等普及促進（建設分野） | 対象経費×2/3<br>（中小建設事業主団体以外の建設事業主1/2） |
| ⑧若年者及び女性に魅力ある職場づくり事業（建設分野） | 助成率：対象経費の9/20〜3/5 |
| ⑨作業員宿舎等設置助成（建設分野） | 助成率：対象経費の1/2〜3/5〈3/4〉 |

※　＜　＞：生産性向上要件を満たした場合の助成額

（助成内容）

| 問い合わせ先 | 労働局またはハローワーク/厚生労働省<br>☎03-5253-1111 |
|---|---|

## 8 雇用環境整備等 通年雇用助成金

雇用で活用できる助成金です。北海道、東北地方等の積雪または寒冷の度が特に高い地域で、冬期に離職を余儀なくされる季節労働者を通年雇用した事業主に助成されます。

### POINT

☐ **北海道、東北地方等の積雪または寒冷の度が特に高い地域**

☐ **季節労働者を通年雇用で活用！**

| 対象者 | 北海道、東北地方等の積雪または寒冷の度が特に高い地域において、冬期に離職を余儀なくされる季節労働者を通年雇用した事業主 | |
|---|---|---|
| 助成内容 | 助成対象 | 助成額 |
| | ①事業所内就業・事業所外就業 | 1回目：支払った賃金の2/3（上限71万円）<br>2・3回目：支払った賃金の1/2（上限54万円） |
| | ②休業 | 1回目：1〜4月に支払った休業手当（最大60日分）と賃金の合計額の1/2<br>2回目：1/3<br>　1回目上限：71万円または54万円<br>　2回目上限：54万円 |
| | ③業務転換 | 業務転換の開始日から6カ月間に支払った賃金の1/3（上限71万円） |
| | ④職業訓練 | ①に加算<br>季節的業務：支給対象経費の1/2（上限3万円）<br>季節的業務以外：2/3（上限4万円） |

| | ⑤新分野進出 | 支給対象経費の1/10（上限500万円）を1年ごとに3回支給 |
|---|---|---|
| | ⑥季節トライアル雇用 | 常用雇用移転日から6カ月間に支払った賃金の1/2（トライアル雇用助成金受給額の減額あり・上限71万円） |
| 問い合わせ先 | 各都道府県労働局またはハローワーク／厚生労働省 ☎03-5253-1111 | |

# 9 雇用環境整備等 65歳超雇用推進助成金

65歳以上の高年齢者の雇用で活用できる助成金です。高年齢者の就労機会の確保、希望者全員が安心して働ける雇用基盤の整備を目的として、65歳以上への定年引上げ等を実施した事業主を応援します。

| 対象者 | 労働協約または就業規則に65歳以上への定年引上げ等の制度を規定し、制度を実施した事業主 |
|---|---|
| 助成内容 | コース<br>①65歳超継続雇用促進コース<br>②高年齢者評価制度等雇用管理改善コース<br>③高年齢者無期雇用転換コース<br>助成内容<br>**①65歳超継続雇用促進コース**<br><br>ここに表<br><br>▶1事業主1回限り支給（定年引上げ等の制度が70歳未満の事業主が新たに70歳以上の制度実施の場合は2回目の申請可）<br>対象者数・定年等の引上げ年数に応じて助成<br>定年引上げと継続雇用制度導入をあわせて実施した場合は、いずれか高い額を支給 |

| 取組み内容 | 助成額 |
|---|---|
| 65〜70歳以上への定年の引上げ | 15〜105万円 |
| 定年の定めの廃止 | 40〜160万円 |
| 希望者全員を66歳または70歳以上継続雇用する制度導入 | 15〜100万円 |
| 他社による継続雇用制度導入 | 上限10万円または15万円 |

| | ②**高年齢者評価制度等雇用管理改善コース** |
|---|---|
| | 支給対象経費(50万円上限)×60%(中小企業以外45%) |
| | ③**高年齢者無期雇用転換コース** |
| | 対象労働者１人当たり38万円（中小企業48万円）・支給申請年度で１事業所　10人まで。 |
| 問い合わせ先 | 独立行政法人高齢・障害・求職者雇用支援機構<br>☎043-297-9535 |

# 10 正社員化・処遇改善
# キャリアアップ助成金

　非正規雇用の労働者（有期契約労働者、短時間労働者、派遣労働者など）の社内でのキャリアアップ等を促進するための取組みに助成されます。キャリアアップや賃金アップ、正社員化等の助成金があります。

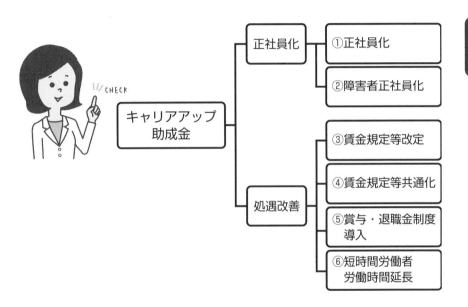

- キャリアアップ助成金
  - 正社員化
    - ①正社員化
    - ②障害者正社員化
  - 処遇改善
    - ③賃金規定等改定
    - ④賃金規定等共通化
    - ⑤賞与・退職金制度導入
    - ⑥短時間労働者労働時間延長

第4章 「人」を活かす！助成金

**POINT**

☐ **非正規雇用労働者の企業内でのキャリアアップを促進**

☐ **正社員化と処遇改善の取組みに助成**

☐ **労働者の意欲・能力向上で生産性向上・人材確保**

| 対象者 | 非正規雇用労働者の社内でのキャリアアップ等を促進するため、正社員化・処遇改善の取組みを実施した事業主 | |
|---|---|---|

| | コース | 概　要 |
|---|---|---|
| 概　要 | ①正社員化 | 有期契約労働者等の正規雇用労働者等への転換または直接雇用（有期契約労働者からの転換は3年以内、転換前6カ月と転換後6カ月の賃金が3％以上増額） |
| | ②障害者正社員化 | 障害のある有期雇用労働者等を正規雇用労働者等への転換 |
| | ③賃金規定等改定 | 有期雇用労働者等の賃金規定等を3％以上増額改定して昇給 |
| | ④賃金規定等共通化 | 有期契約労働者等と正規雇用労働者との、共通の賃金規定等を作成・適用 |
| | ⑤賞与・退職金制度導入 | 有期契約労働者等の賞与もしくは退職金制度または両方を新たに設けて適用 |
| | ⑥短時間労働者労働時間延長 | 有期契約労働者等の週所定労働時間を、3時間以上延長して社会保険適用 |

| | コース | 1人当たり助成額 |
|---|---|---|
| 助成内容 | ①正社員化 | （有期→正規）　57万円（中小企業以外42.75万円）<br>（無期→正規）　28.5万円（中小企業以外21.375万円）<br>▶派遣労働者の直接雇用、母子家庭の母等、父子家庭の父などは上記金額に一定額を加算<br>1年度1事業所の支給申請上限：20人まで |
| | ②障害者正社員化 | 1人33万円〜120万円 |
| | ③賃金規定等改定 | 1事業所　1人あたり5万円〜 |
| | ④賃金規定等共通化 | 1事業所　60万円（中小企業以外45万円）<br>1事業所1回のみ |

| ⑤賞与・退職<br>金制度導入 | 1事業所　40万円（中小企業以外30万円）<br>1事業所1回のみ、同時導入加算あり |
|---|---|
| ⑥短時間労働<br>者労働時間<br>延長 | 1人23.7万円（中小企業以外17.8万円）<br>週所定労働時間1時間以上3時間未満延<br>長でも助成あり |
| 問い合わせ先 | 各都道府県労働局またはハローワーク／厚生労働省<br>☎03-5253-1111 |

---

**参考**　東京都正規雇用等転換安定化支援助成金

　国（東京労働局）のキャリアアップ助成金の対象者に対する東京都の助成金です。キャリアアップ助成金（正社員化コース）の支給決定を受けた中小企業者等が、支援機関（3カ月）内に指導育成計画を策定した場合等に対し最高60万円が助成される制度です。退職金制度を新たに整備した場合等、1事業主につき10〜18万円（1回限り）が加算されます（問い合わせ先：☎03-6205-6730）。

　この他、山形県鶴岡市の正社員化促進事業奨励金（50歳未満の市内在住・在勤者対象）があります。

# 11 人材開発・教育訓練
# 人材開発支援助成金

人を育てる（育成）で活かす助成金です。職務に関連した専門的な知識や技能習得のための職業訓練等の計画に沿って実施した訓練経費や賃金への助成です。eラーニングや大企業が助成対象となるコースがあります。

## POINT

- ☐ **人を育てる（育成）で活用！　全7コース**
- ☐ **教育訓練（OJT・OFF-JT）による人材育成・スキルアップで活用**
- ☐ **訓練を新たに実施する都度、「職業訓練実施計画届」を提出**

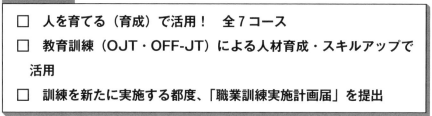

| 対象者 | 中小企業または事業主団体等（措置により要件有） |
|---|---|
| 概　要 | 事業主等が雇用労働者に対して、職務に関連した専門的な知識及び技能を習得させるための職業訓練等を、計画に沿って実施した場合等に、訓練経費や訓練期間中の賃金の一部等を助成。<br><br>コース（全7コース）　　　　　（助成対象）<br>①人材育成支援　　　　：10時間以上のOFF-JT等の訓練<br>②教育訓練休暇等付与：有給の教育訓練休暇制度を導入し、当該休暇を取得した訓練<br>③建設労働者認定訓練：職業能力開発促進法による認定訓練等<br>④建設労働者技能実習：建設労働者が有給で受講した技能工場実習<br>⑤障害者職業能力開発：障害者に対する職業能力訓練事業の実施 |

| | | |
|---|---|---|
| | ⑥人への投資促進　　　：高度デジタル人材育成訓練、所定のIT分野関連の訓練等 | |
| | ⑦事業展開等リスキリング支援　：事業展開等に伴い新たな分野で必要となる知識や技能習得訓練 | |

| 助成内容 | コース | 助成額 | | |
|---|---|---|---|---|
| | | 賃金助成 | 経費助成 | その他助成 |
| | ①人材育成支援 | 1人760円/時～ | 実費相当額の30%～ | OJT実施（定額）<br>1人1訓練10万円～ |
| | ②教育訓練休暇等付与 | 定額助成30万円 | | |
| | ③建設労働者認定訓練 | 1人3,800円/日 | 助成対象経費の1/6 | 賃金向上・資格手当等助成：賃金助成の支給対象1人1,000円/日 |
| | ④建設労働者技能実習 | ・建設事業主（中小事業主）1人7,600円/日～（最長20日間）　など | 支給対象費用の3/4～ | |
| | ⑤障害者職業能力開発 | ・施設設置費：支給対象費用の3/4<br>・運営費：支給対象費用の3/4（重度障害者等4/5） | | |
| | ⑥人への投資促進 | ・高度デジタル人材育成訓練または大学院での訓練の場合 | | |
| | | 実費相当額の60%または75% | 1人480円/時または960円/時 | |
| | ⑦事業展開等リスキリング支援 | 1人480円/時または960円/時 | 実費相当額の60%または75% | |

| | ※ 別途、訓練終了後5％以上賃金増額等した場合の加算あり |
|---|---|
| 問い合わせ先 | 各都道府県労働局またはハローワーク／厚生労働省 ☎03-5253-1111 |

# 12 両立支援 両立支援等助成金

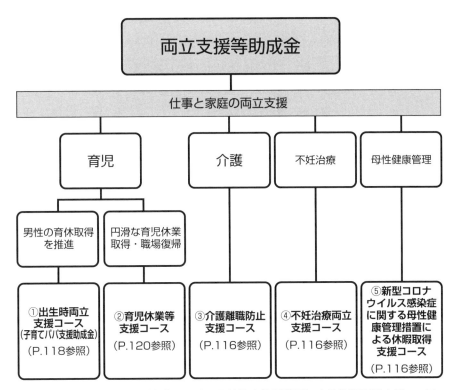

※ 新型コロナウイルス感染症に関する母性健康管理措置による休暇取得支援コース
新型コロナウイルス感染症に関する母性健康管理措置として、医師等の指導により
休業が必要とされた妊娠中の女性労働者が取得できる制度があります。
支給額28.5万円／人（1事業所5人まで）

※ 上記の他、事業所内保育施設コースあり（2016年4月1日より新規受付停止）
⇒参考：内閣府の企業主導型保育事業助成制度（https://www.kigyounaihoiku.jp/）

## POINT

□ **仕事と家庭の両立を支援**

□ **妊娠・出産・育児・介護に「不妊治療」も支援**

第4章

「人」を活かす！助成金

| 対象者 | 従業員の仕事と家庭の両立支援に取り組む事業主 | | |
|---|---|---|---|
| 助成内容 | コース | 助成内容 | 助成額 |
| | ①出生時両立支援（子育てパパ支援助成金） | 男性の育休取得、育児目的休暇の導入利用 | 第1種：20万円（代替要員加算あり）<br>第2種：20万円～60万円 |
| | ②介護離職防止支援 | 介護休業の取得や介護制度（勤務制限制度）の利用 | 介護休業<br>休業取得時：30万円<br>職場復帰時：30万円<br>介護両立支援制度：30万円<br>（1企業1年度5人まで） |
| | ③育児休業等支援 | 育休取得・職場復帰、代替要員確保、職場復帰後支援 | 育休取得時：30万円　職場復帰時：30万円　業務代替支援：新規雇用50万円　手当支給等10万円<br>職場復帰後支援<br>制度導入時：30万円　子の看護休暇制度：1,000円/時 |
| | ④不妊治療両立支援 | 不妊治療のために利用可能な休暇制度等の環境整備 | ①環境整備、休暇の取得等：30万円<br>②長期休暇加算30万円<br>（1事業主1回限り） |
| | ⑤新型コロナ感染症に関する母性健康管理措置による休暇取得支援 | 新型コロナウイルス感染症に関する母性健康管理措置として、医師等の指導により有給休暇制度を設定・周知・取得 | 1人20万円（1事業所5人まで）<br>※　2023年9月30日まで対象 |
| 問い合わせ先 | 各都道府県労働局またはハローワーク／厚生労働省<br>☎03-5253-1111 | | |

116

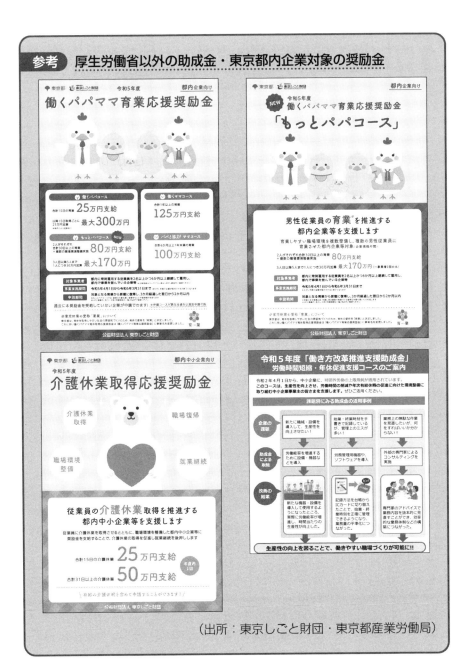

（出所：東京しごと財団・東京都産業労働局）

# 13 両立支援等助成金（出生時両立支援コース〈子育てパパ支援助成金〉）

両立支援

男性が育児休業を取得しやすい職場の風土作りと、まとまった期間育児休業取得できるように取り組む事業主に助成します。

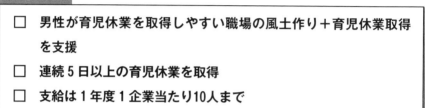

**POINT**

- ☐ 男性が育児休業を取得しやすい職場の風土作り＋育児休業取得を支援
- ☐ 連続5日以上の育児休業を取得
- ☐ 支給は1年度1企業当たり10人まで

| 対象者 | 男性労働者（雇用保険の被保険者）に、連続5日以上の育児休業※の取得や育児目的休暇の導入等を行う中小企業事業主<br>※育児休業の対象となった子の出生後8週間以内に開始 |
|---|---|
| 概　要 | 男性が育児休業を取得しやすい職場の風土作りと、まとまった期間育児休業取得できるように取り組む事業主に助成されます。<br>・労働協約または就業規則に育児休業制度・育児のための短時間勤務制度を規定<br>・次世代育成支援対策法に基づく一般事業主行動計画を策定<br>・都道府県労働局長に届出<br>・その行動計画を公表し、労働者に周知するための措置を行う<br>　▶育児休業制度の利用を促進するための資料等の周知<br>　▶育児休業に関する相談体制の整備 |

| | ▶男性の育児休業取得についての研修の実施　　　など |
|---|---|
| 助成内容 | 第1種：育児休業取得20万円<br>　　　　　代替要員加算20万円（3人以上45万円）<br>第2種：育休取得率30%以上上昇で20〜60万円<br>　▶生産性要件を満たした場合は助成額アップ |
| 問い合わせ先 | 各都道府県労働局／厚生労働省<br>☎03-5253-1111 |

**両立支援**

# 14 両立支援等助成金（育児休業等支援コース）

従業員の職業生活と家庭生活の両立を支援するため、育休取得者の原職復帰のための両立支援に取り組む事業主に助成します。育休取得時・職場復帰時、代替要員確保時、職場復帰後の助成があります。

## ○育休取得時・職場復帰時

| 対象者 | 中小企業事業主 |
|---|---|
| 概　要 | 「育休復帰支援プラン」を作成し、プランに沿った育児休業の取得、職場復帰の取組みに助成されます。<br><br>**育休取得時と職場復帰時の取組み**<br>・休業前後の働き方等を上司や人事担当者と面談、育休復帰支援プラン作成<br>・連続３カ月以上の育児休業を取得<br>・職場復帰前後に上司や人事担当者と面談、原則、原職に復帰　など |
| 助成内容 | 育休取得時30万円／職場復帰時30万円<br>▶職場復帰時は１企業２人まで<br>（無期労働者１人、有期労働者１人） |
| 問い合わせ先 | 各都道府県労働局／厚生労働省　☎03-5253-1111 |

## ○代替要員確保時：業務代替支援

| 対象者 | 中小企業事業主 |
|---|---|
| 概　要 | ３カ月以上の育児休業取得者の代替要員を確保し、原職等に復帰させる取組みに対して助成されます。育児休業終了後原職等への復帰取り扱いを労働協約または就業規則に規定し、復帰後引き続き雇用保険の被保険者として |

| | |
|---|---|
| | 6カ月以上雇用等を行うことが必要です。 |
| 助成内容 | 新規雇用<br>1人50万円　手当支給等10万円<br>（1事業年度最大10人、支給対象期間5年間）<br>▶有期労働者の加算10万円あり |
| 問い合わせ先 | 各都道府県労働局／厚生労働省　☎03-5253-1111 |

## ○職場復帰後支援

| | |
|---|---|
| 対象者 | 中小企業事業主 |
| 概　要 | 育休復帰後の仕事と育児の両立が特に困難な時期に、新たな制度導入等の支援について取り組む事業主に助成<br>・育児・介護休業法を上回る「子の看護休暇制度」または「保育サービス費用補助制度」を導入している<br>・1カ月以上の育児（または産後）休業復帰後6カ月以内に、導入した制度の一定の利用実績※がある<br>※　子の看護休暇：10時間以上取得<br>　保育サービス費用補助制度：3万円以上の補助 |
| 助成内容 | 制度導入　30万円（制度導入のみの申請不可）<br>▶1事業主1回限り<br>制度利用（3年以内5人まで）<br>①子の看護休暇制度<br>　制度利用時：1,000円×取得休暇時間<br>②保育サービス費用補助制度　実費×2／3<br>▶1企業上限　①200時間　②20万円 |
| 問い合わせ先 | 各都道府県労働局／厚生労働省　☎03-5253-1111 |

**参考** 「子育てサポート企業」の厚生労働大臣の認定証

　くるみんマーク・プラチナくるみんマークとは、「子育てサポート企業」として、厚生労働大臣の認定を受けた証です。企業のイメージアップや助成内容がプラスになるなどの効果が期待できます。

（出所：厚生労働省）

# 15 雇用維持 雇用調整助成金

雇用維持で活用できる助成金です。雇用調整助成金は、景気の変動、産業構造の変化その他の経済上の理由により事業活動の縮小を余儀なくされた事業主が、一時的な雇用調整（休業、教育訓練、出向）を実施することで従業員の雇用維持を図るための助成金です。

## POINT

☐ **雇用維持で活用！**

☐ **売上高3カ月間の月平均値が、前年同期比10％以上減少など**

☐ **休業、教育訓練、出向（3カ月以上1年以内）で雇用調整**

| 対象者 | 雇用保険の適用事業主で、最近3カ月間の売上高等の月平均値が、前年同期に比べて10％以上減少している等一定の条件を満たす者<br>雇用保険被保険者が対象（6カ月未満は対象外） | | |
|---|---|---|---|
| 助成内容 | 受給できる金額 | 中小企業 | 中小企業以外 |
| | ①休業・教育訓練休業を実施した場合の休業手当または教育訓練を実施した場合の賃金相当額、出向（3カ月以上1年以内）を行った場合の出向元事業主の負担額に対する助成<br>▶対象労働者1人当たり15,000円※が上限 | 2／3 | 1／2 |

| ②教育訓練を実施したときの加算額 | 1人1日1,200円 |
|---|---|

※　新型コロナウイルス感染症の影響による特例の場合（通常8,265円）

※　休業・教育訓練の場合、その初日から1年の間に最大100日分、3年の間に最大150日分受給できます。出向の場合は最長1年の出向期間中受給できます。

※　出向の場合、出向元事業主の負担額を一部助成

| 問い合わせ先 | 各都道府県労働局またはハローワーク／厚生労働省<br>☎03-5253-1111 |
|---|---|

## 16 雇用維持 産業雇用安定助成金

新型コロナウイルス感染症の影響により事業活動の一時的な縮小を余儀なくされた事業主が、**在籍型出向による労働者の雇用維持**を行う場合、**出向元と出向先の双方の事業主**に出向に要した**賃金や経費の一部を助成**します。

### POINT

- [ ] **在籍型出向と事業再構築の2タイプ**
- [ ] **事業再構築支援コースが新設：新たな人材の円滑な受け入れを支援**
- [ ] **事業再構築支援コースは、事業再構築補助金（最低賃金枠等限定）の交付決定を受けていることが必要**

| 対象者 | 中小企業または事業主団体等（措置により要件あり） | |
|---|---|---|
| 概　要 | コース<br>（全3コース） | 助成対象 |
| | 1.　在籍型出向 | |
| | ①スキルアップ支援コース | 在籍型出向により労働者のスキルアップを行い、復帰した際の賃金を5％以上上昇 |
| | ②雇用継続維持支援コース | 新型コロナウイルス感染症により事業活動の縮小を余儀なくされた事業主が雇用維持のために行う在籍型出向 |

| | 2．事業再構築 | |
|---|---|---|
| | 事業再構築支援コース | 新型コロナウイルス感染症の影響等により、事業活動の一時的な縮小を余儀なくされ、新たな事業への進出等の事業再構築を行うために必要な新たな人材※を、期間の定めのない労働者（パートタイム労働者以外）として雇い入れ<br>※　専門的知識等を有する年収350万円以上の者など |

| 助成内容 | コース | 助成額 |
|---|---|---|
| | ①スキルアップ支援 | ・出向元事業主に対して、出向労働者の出向期間中の賃金の一部を助成<br>上限1人8,355円/日、1事業所1年度1,000万円 |
| | ②雇用継続維持支援 | ・出向初期経費助成<br>　出向元事業主・出向事業主に対して、1人10万円または15万円<br>・出向運営経費助成<br>　出向元事業主・出向事業主に対して、出向期間中の賃金・諸経費（上限1人12,000円）<br>・出向復帰後訓練助成<br>　訓練経費（上限30万円）、賃金（1人900円/時・上限600時間） |
| | ③事業再構築支援 | 1人280万円または200万円<br>1事業主5人上限 |

| 問い合わせ先 | 各都道府県労働局またはハローワーク<br>☎03-5253-1111 |
|---|---|

## 【受給までの流れ】

```
┌─────────────┐   ┌─────────────┐   ┌──────┐   ┌──────┐   ┌──────┐
│  出向計画   │   │   計画届    │   │      │   │ 審査 │   │      │
│・出向元事業主│→ │・共同で出向計│→ │ 出向 │→ │ 支給 │→ │ 助成金│
│ と出向先事業│   │ 画届作成    │   │ 実施 │   │ 申請 │   │ 受給 │
│ 主との契約  │   │・出向元事業主│   │      │   │      │   │      │
│・労働組合など│   │ が提出      │   │      │   │      │   │      │
│ との協定    │   │ 要件確認    │   │      │   │      │   │      │
│・出向予定者の│   │             │   │      │   │      │   │      │
│ 同意        │   │             │   │      │   │      │   │      │
└─────────────┘   └─────────────┘   └──────┘   └──────┘   └──────┘
```

参考 **出向マッチング（公益財団法人 産業雇用安定センター）**

　公益財団法人 産業雇用安定センターでは、出向を活用して雇用を守る企業への支援として、出向のマッチングを行っています（無料）。全国47都道府県に事務所があります。

（本部 ☎03-5627-3600）

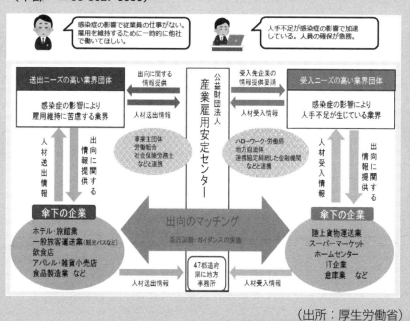

（出所：厚生労働省）

第4章

「人」を活かす！助成金

127

# 17 労働時間等設定改善
# 業務改善助成金

生産性向上で活用できる助成金です。中小企業・小規模事業者の生産性向上のための設備投資やサービスの利用などで事業場内最低賃金を一定額以上引き上げた場合に助成されます。

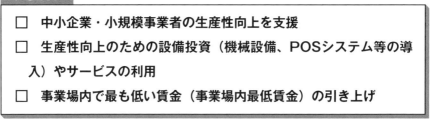

**POINT**

- ☐ **中小企業・小規模事業者の生産性向上を支援**
- ☐ **生産性向上のための設備投資（機械設備、POSシステム等の導入）やサービスの利用**
- ☐ **事業場内で最も低い賃金（事業場内最低賃金）の引き上げ**

| 対象者 | 事業内最低賃金の引上計画を策定する中小企業・小規模事業者<br>生産性向上のための設備投資やサービスの利用などを行い、事業場内最低賃金を一定額以上引き上げた事業主 |
|---|---|
| 概　要 | ・中小企業・小規模事業者の生産性向上を支援し、事業場内で最も低い賃金（事業場内最低賃金）の引き上げを図るための制度。<br>・設備投資などにかかった費用の一部を助成。<br>・人材育成・教育訓練費、経営コンサルティング経費も助成対象。<br>・過去に業務改善助成金を受給ありでも助成対象。<br>・引き上げる賃金額により、支給対象者が異なる。 |

| | | 対象となる設備投資など（例）|
|---|---|---|
| 助成内容 | | ・機器・設備の導入：POSレジシステム導入による在庫管理の短縮<br>・経営コンサルティング：国家資格者による顧客回転率向上を目的とした業務フロー見直し<br>・その他：店舗改装による配膳時間の短縮 |

対象となる設備投資など（例）

・機器・設備の導入：POSレジシステム導入による在庫管理の短縮

・経営コンサルティング：国家資格者による顧客回転率向上を目的とした業務フロー見直し

・その他：店舗改装による配膳時間の短縮

| コース | 事業場内最低賃金引き上げ額 | 助成上限額※ | | 助成率 |
|---|---|---|---|---|
| | | 事業者の事業場規模 | | |
| | | 30人以上 | 30人未満 | |
| ①30円 | 30円以上 | 30万円〜120万円 | 60万円〜130万円 | 事業場内最低賃金<br>870円未満：9/10<br>870円以上920円未満：4/5または9/10<br>920円以上：3/4または4/5 |
| ②45円 | 45円以上 | 45万円〜180万円 | 80万円〜180万円 | |
| ③60円 | 60円以上 | 60万円〜300万円 | 110万円〜300万円 | |
| ④90円 | 90円以上 | 90万円〜600万円 | 170万円〜600万円 | |

※　引き上げる労働者数で異なります。

※　特例事業者（事業場内最低賃金920円未満の賃金要件や生産量要件、物価高騰等要件にあてはまる事業者）特例事業者のうち、生産量要件または物価高騰等要件に該当する場合、助成対象経費の拡充あり

| 問い合わせ先 | 各都道府県労働局　雇用環境・均等部（室）／厚生労働省<br>☎03-5253-1111 |
|---|---|

# 18 働き方改革推進支援助成金

　労働時間の設定改善を促進するため、生産性を向上しながら労働時間の短縮等に取り組む中小企業を応援するものです。2020年4月より、中小企業に時間外労働の上限規制が導入されました。

## POINT

- ☐ **労働時間等の設定改善を支援**
- ☐ **全5コース**

| 対象者 | 中小企業事業主等 | |
|---|---|---|
| | コース（全5コース） | （助成対象） |
| 概　要 | ①適用猶予業種等対応コース | 適用猶予業種等（建設事業、自動車運転業務、医業に従事する医師、鹿児島県・沖縄県の砂糖製造業）への上限規制適用の労働時間削減等 |
| | ②労働時間短縮・年休促進支援コース | 労働時間削減、年次有給休暇取得促進 |
| | ③勤務間インターバル導入コース | 勤務間インターバルを導入定着促進 |
| | ④労働時間適正管理推進コース | 労務・労働時間適正管理推進 |
| | ⑤団体推進コース | 中小企業の事業主団体傘下企業の労働時間削減や賃金引上げに向けた生産性向上 |

| 助成内容 | コース | 助成上限額 | 助成率 |
|---|---|---|---|
| | ①適用猶予業種等対応 | 450万円※ | 3/4 または 4/5 |
| | ②労働時間短縮・年休促進支援 | 250万円※ | |
| | ③勤務間インターバル導入 | インターバル時間数等に応じて 9時間以上11時間未満：80万円 11時間以上：100万円※ など | |
| | ④労働時間適正管理推進 | 100万円※ | |
| | ⑤団体推進 | 500万円 傘下企業数 10社以上 上限1,000万円 | 定額 |
| | ※ 一定の場合、最大480万円加算あり | | |
| 問い合わせ先 | 各都道府県労働局　雇用環境・均等部（室）／厚生労働省 ☎03-5253-1111 | | |

働き方改革関連法

　「働き方改革」は、働く方々が、個々の事情に応じた多様で柔軟な働き方を、自分で「選択」できるようにするための改革です。働き方改革を推進するための関係法律の整備に関する法律「働き方改革関連法」による改正後の労働基準法が2019年4月から順次施行されています。

## 働き方改革関連法
### (改正労働基準法)

**義　務**

| 時間外労働の上限規制 | 年次有給休暇の確実な取得 | **月60時間超**の時間外労働に対する割増賃金率の引上げ |
|---|---|---|

2023年4月〜
中小企業の割増
賃金率大企業同様
**50%に引上**

選択制

| フレックスタイム制の拡充 | 高度プロフェッショナル制度 |
|---|---|

# 19 産業保健関連 受動喫煙防止対策助成金

職場環境改善で活用できる助成金です。労働者災害補償保険の適用事業主で中小企業事業主が実施する、事業場の受動喫煙防止のための施設設備（喫煙室の設置等）の整備を応援します。

## POINT

- ☐ **職場環境改善で活用！ 喫煙室の設置等を支援**
- ☐ **中小企業事業主が対象**
- ☐ **工事実施前に申請が必要**

| | |
|---|---|
| 対象者 | 中小企業事業主（労働者災害補償保険の適用事業主） |
| 対象経費 | ・一定の要件を満たす喫煙室の設置に必要な経費<br>・一定の要件を満たす屋外喫煙所の設置に必要な経費<br>・喫煙室・屋外喫煙所以外に、受動喫煙を防止するための換気設備の設置などの措置に必要な経費 |
| 助成対象 | 喫煙室の設置などに係る経費のうち、工費、設備費、備品費、機械装置費など<br>▶工事着工前に「受動喫煙防止対策助成金交付申請書」を所轄都道府県労働局長に提出し、あらかじめ交付決定を受ける必要がある |
| 助成内容 | 1/2（飲食店は2/3）・上限100万円<br>▶1事業場ごとにつき1回交付 |
| 問い合わせ先 | 各都道府県労働局／厚生労働省<br>☎03-5253-1111 |

**参考** 健康増進法改正

　2020年4月から健康増進法の改正が全面施行され、望まない受動喫煙防止の取組みが、マナーから「ルール」へと変わり、原則屋内禁煙が義務化されています。

○受動喫煙防止対策の相談支援（一般社団法人日本労働安全衛生コンサルタント会　☎050-3537-0777）

## COLUMN ▶ 出産・育児・介護で活用できる社会保険制度

　「仕事と子育て」「仕事と介護」の両立支援制度は、助成金だけではありません。労働者がより働きやすく、休みやすい制度へと「育児・介護休業法」が2017年１月より改正施行されました（介護休業の分割取得（上限３回）、介護休暇の半日取得の選択、所定労働時間の短縮・フレックスタイム制度、残業の免除など）。就業規則の育児・介護休業等の取り扱いや記載について確認されておくとよいでしょう。

　社会保険制度にも出産・子育て・介護で活用できる制度があります。労働者だけでなく事業主にもメリットがある制度もありますので、上手に活用しましょう。育児・介護の間は、パートタイマー等の短時間勤務希望者が多い傾向にありますが、１週間の所定労働時間が20時間以上なら社会保険加入が必要な場合があります。

（出産で活用）

　・出産育児一時金・家族出産育児一時金

　　（協会けんぽ・健康保険組合等）

　　１児50万円、産科医療補償制度対象外出産48.8万円

　・出産手当金（出産日（予定日）以前42日〜出産後56日）

　　（協会けんぽ・健康保険組合等）

　　直近12カ月間の標準報酬月額平均額の１/30×２/３

　・産前産後休業中の保険料免除（日本年金機構）

　　産前産後休業期間中に事業主の申し出により、被保険者・事業主分とも免除

（育児で活用）

　・育児休業給付金（ハローワーク）

　　支給対象期間（１カ月）当たり、原則、休業開始時賃金日

額×支給日数の67%（育児休業の開始から6カ月経過後は50%）支給

・育児休業保険料免除（日本年金機構）

満3歳未満の子を養育するための育児休業期間中、健康保険・厚生年金保険の保険料は、事業主の申し出により被保険者分・事業主分とも免除

（介護で活用）

・介護休業給付（ハローワーク）

最長3カ月（93日）、原則休業開始時の賃金日額×支給日数の67%支給

## 雇用関係助成金に関する主な問い合わせ先一覧（2023年4月現在）

| 都道府県労働局 | 主なお問い合わせ先（※申請先は異なる場合があります） | 電話番号 | その他のお問い合わせ先（詳しくは各労働局HPをご参照ください） | 電話番号 |
|---|---|---|---|---|
| 北海道 | 雇用助成金さっぽろセンター、各ハローワーク | 北海道労働局HP参照 | 職業対策課 | 011-738-1056 |
| 青森県 | 各ハローワーク | 青森労働局HP参照 | 職業対策課 | 017-721-2003 |
| 岩手県 | 職業対策課分室 助成金相談コーナー | 019-606-3285 | 雇用環境・均等室（両立支援等助成金） | 019-604-3010 |
| 宮城県 | 職業対策課 助成金部門 | 022-299-8063 | 雇用環境・均等室（両立支援等助成金） | 022-292-8844 |
| 秋田県 | 職業対策課 | 018-883-0010 | 雇用環境・均等室（両立支援等助成金） | 018-862-6684 |
| 山形県 | 各ハローワーク | 山形労働局HP参照 | 職業対策課 | 023-626-6101 |
| 福島県 | 各ハローワーク | 福島労働局HP参照 | 職業対策課、雇用環境・均等室（両立支援等助成金） | 福島労働局HP参照 |
| 茨城県 | 職業対策課 | 029-224-6219 | 雇用環境・均等室（両立支援等助成金） | 029-277-8294 |
| 栃木県 | 職業対策課分室（助成金事務センター） | 028-614-2263 | 雇用環境・均等室（両立支援等助成金） | 028-633-2795 |
| 群馬県 | 職業対策課 | 027-210-5008 | 雇用環境・均等室（両立支援等助成金） | 027-896-4739 |
| 埼玉県 | 各ハローワーク | 埼玉労働局HP参照 | 職業対策課 助成金センター | 048-600-6217 |
| 千葉県 | 職業対策課 | 043-221-4393 | 職業対策課分室 | 043-441-5678 |
| 東京都 | 各ハローワーク | 東京労働局HP参照 | 雇用環境・均等部 企画課（両立支援助成金以外） | 03-6893-1100（03-5337-7411） |
| 神奈川県 | 職業対策課 神奈川助成金センター | 神奈川労働局HP参照 | 雇用環境・均等部 企画課（両立支援等助成金） | 045-211-7357 |
| 新潟県 | 職業対策課 助成金センター | 025-278-7181 | 雇用環境・均等室 | 025-288-3527 |
| 富山県 | 職業対策課 助成金センター | 076-432-9162 | 職業対策課、訓練室、雇用環境・均等室 | 富山労働局HP参照 |
| 石川県 | 職業対策課 | 076-265-4428 | 雇用環境・均等室（両立支援等助成金） | 076-265-4429 |
| 福井県 | 職業対策課 | 0776-26-8613 | | |
| 山梨県 | 職業対策課 | 055-225-2858 | 雇用環境・均等室（両立支援等助成金） | 055-225-2851 |
| 長野県 | 職業対策課 | 026-226-0866 | 雇用環境・均等室 | 026-223-0560 |
| 岐阜県 | 職業対策課 助成金センター | 058-263-5650 | 雇用環境・均等室 | 058-245-1550 |
| 静岡県 | 職業対策課 | 054-271-9970 | 職業対策課分室 | 054-653-6116 |

第4章

「人」を活かす！助成金

137

| 愛知県 | あいち雇用助成室 | 052-219-5518 | 雇用環境・均等部　企画課（両立支援等助成金） | 052-857-0313 |
|---|---|---|---|---|
| 三重県 | 職業対策課　助成金室 | 059-226-2111 | 雇用環境・均等室（両立支援等助成金） | 059-261-2978 |
| 滋賀県 | 職業対策課　助成金コーナー | 077-526-8251 | 職業対策課<br>雇用環境・均等室（両立支援等助成金） | 077-526-8686<br>077-523-1190 |
| 京都府 | 助成金センター | 075-241-3269 | 雇用環境・均等室（両立支援助成金） | 075-241-3212 |
| 大阪府 | 助成金センター | 06-7669-8900 | 雇用環境・均等部　企画課（両立支援等助成金） | 06-6941-4630 |
| 兵庫県 | ハローワーク助成金デスク | 078-221-5440 | 雇用環境・均等部　企画課 | 078-367-0700 |
| 奈良県 | 職業安定部　助成金センター | 0742-35-6336 | 雇用環境・均等室（両立支援等助成金） | 0742-32-0210 |
| 和歌山県 | 職業対策課 | 073-488-1161 | | |
| 鳥取県 | 各ハローワーク | 鳥取労働局<br>HP参照 | 職業対策課 | 0857-29-1708 |
| 島根県 | 助成金相談センター | 0852-20-7029 | 雇用環境・均等室（両立支援等助成金） | 0852-20-7007 |
| 岡山県 | 職業対策課 | 086-801-5107 | 職業対策課　助成金事務室 | 086-238-5301 |
| 広島県 | 職業対策課 | 082-502-7832 | 各ハローワーク　助成金担当窓口 | 広島労働局<br>HP参照 |
| 山口県 | 職業対策課 | 083-995-0383 | 雇用環境・均等室（両立支援等助成金） | 083-995-0390 |
| 徳島県 | 助成金センター、各ハローワーク | 徳島労働局<br>HP参照 | 雇用環境・均等室（両立支援等助成金） | 088-652-2718 |
| 香川県 | 職業対策課 | 087-811-8923 | 雇用環境・均等室 | 087-811-8924 |
| 愛媛県 | 職業対策課分室（助成金センター） | 089-987-6370 | 職業対策課、訓練室、雇用環境・均等室 | 愛媛労働局<br>HP参照 |
| 高知県 | 職業対策課 | 088-885-6052 | 雇用環境・均等室（両立支援等助成金） | 088-885-6041 |
| 福岡県 | 福岡助成金センター | 092-411-4701 | 雇用環境・均等部　企画課 | 092-411-4717 |
| 佐賀県 | 職業対策課 | 0952-32-7173 | 雇用環境・均等室（両立支援等助成金） | 0952-32-7218 |
| 長崎県 | 職業対策課 | 095-801-0042 | 雇用環境・均等室（両立支援等助成金） | 095-801-0050 |
| 熊本県 | 職業対策課 | 096-211-1704 | 職業対策課分室 | 096-312-0086 |
| 大分県 | 大分助成金センター | 097-535-2100 | 雇用環境・均等室 | 097-532-4025 |
| 宮崎県 | 職業対策課　助成金センター | 0985-61-8288 | 雇用環境・均等室（両立支援等助成金） | 0985-38-8821 |
| 鹿児島県 | 職業対策課 | 099-219-5101 | 雇用環境・均等室 | 099-222-8446 |
| 沖縄県 | 沖縄助成金センター | 098-868-1606 | 雇用環境・均等室（両立支援等助成金） | 098-868-4403 |

## 障害者雇用納付金制度の助成金、65歳超雇用推進助成金の問い合わせ先一覧

（独）高齢・障害・求職者雇用支援機構　都道府県支部高齢・障害者業務課等（2023年4月現在）

| 都道府県 | 所在地 | 電話番号 |
|---|---|---|
| 北海道 | 〒063-0804　札幌市西区二十四軒4条1-4-1　北海道職業能力開発促進センター内 | 011-640-8822 |
| 青森 | 〒030-0822　青森市中央3-20-2　青森職業能力開発促進センター内 | 017-777-1234 |
| 岩手 | 〒020-0024　盛岡市菜園1-12-18　盛岡菜園センタービル3階 | 019-654-2081 |
| 宮城 | 〒985-8550　多賀城市明月2-2-1　宮城職業能力開発促進センター内 | 022-362-2253 |
| 秋田 | 〒010-0101　潟上市天王字上北野4-143　秋田職業能力開発促進センター内 | 018-873-3177 |
| 山形 | 〒990-2161　山形市漆山1954　山形職業能力開発促進センター内 | 023-686-2225 |
| 福島 | 〒960-8054　福島市三河北町7-14　福島職業能力開発促進センター内 | 024-534-3637 |
| 茨城 | 〒310-0803　水戸市城南1-4-7　第5プリンスビル5階 | 029-300-1215 |
| 栃木 | 〒320-0072　宇都宮市若草1-4-23　栃木職業能力開発促進センター内 | 028-622-9497 |
| 群馬 | 〒379-2154　前橋市天川大島町130-1　ハローワーク前橋3階 | 027-287-1511 |
| 埼玉 | 〒336-0931　さいたま市緑区原山2-18-8　埼玉職業能力開発促進センター内 | 048-813-1112 |
| 千葉 | 〒261-0001　千葉市稲毛区六方町274番地　千葉職業能力開発促進センター内 | 043-304-7730 |
| 東京 | 〒130-0022　墨田区江東橋2-19-12　墨田公共職業安定所5階 | 03-5638-2284 |
| 神奈川 | 〒241-0824　横浜市旭区南希望ヶ丘78　関東職業能力開発促進センター内 | 045-391-2818 |
| 新潟 | 〒951-8061　新潟市中央区西堀通6-866　NEXT21ビル12階 | 025-226-6011 |
| 富山 | 〒933-0982　高岡市八ケ55　富山職業能力開発促進センター内 | 0766-26-1881 |
| 石川 | 〒920-0352　金沢市観音堂町ヘー1　石川職業能力開発促進センター内 | 076-267-0801 |
| 福井 | 〒915-0853　越前市行松町25-10　福井職業能力開発促進センター内 | 0778-23-1010 |
| 山梨 | 〒400-0854　甲府市中小河原町403-1　山梨職業能力開発促進センター内 | 055-241-3218 |
| 長野 | 〒381-0043　長野市吉田4-25-12　長野職業能力開発促進センター内 | 026-243-1001 |
| 岐阜 | 〒500-8842　岐阜市金町5-25　G-front Ⅱ 7階 | 058-265-5823 |
| 静岡 | 〒422-8033　静岡市駿河区登呂3-1-35　静岡職業能力開発促進センター内 | 054-285-7185 |
| 愛知 | 〒460-0003　名古屋市中区錦1-10-1　MIテラス名古屋伏見4階 | 052-218-3385 |
| 三重 | 〒514-0002　津市島崎町327-1 | 059-213-9255 |

| | | |
|---|---|---|
| 滋賀 | 〒520－0856　大津市光が丘町３－13　滋賀職業能力開発促進センター内 | 077-537-1164 |
| 京都 | 〒617－0843　長岡京市友岡１－２－１　京都職業能力開発促進センター内 | 075-951-7391 |
| 大阪 | 〒566－0022　摂津市三島１－２－１　関西職業能力開発促進センター内 | 06-6383-0949 |
| 兵庫 | 〒661－0045　尼崎市武庫豊町３－１－50　兵庫職業能力開発促進センター内 | 06-6431-7276 |
| 奈良 | 〒634－0033　橿原市城殿町433　奈良職業能力開発促進センター内 | 0744-22-5224 |
| 和歌山 | 〒640－8483　和歌山市園部1276　和歌山職業能力開発促進センター内 | 073-461-1531 |
| 鳥取 | 〒689－1112　鳥取市若葉台南７－１－11　鳥取職業能力開発促進センター内 | 0857-52-8781 |
| 島根 | 〒690－0001　松江市東朝日町267　島根職業能力開発促進センター内 | 0852-31-2800 |
| 岡山 | 〒700－0951　岡山市北区田中580　岡山職業能力開発促進センター内 | 086-241-0067 |
| 広島 | 〒730－0825　広島市中区光南５－２－65　広島職業能力開発促進センター内 | 082-245-0267 |
| 山口 | 〒753－0861　山口市矢原1284－１　山口職業能力開発促進センター内 | 083-922-1948 |
| 徳島 | 〒770－0823　徳島市出来島本町１－５ | 088-611-2388 |
| 香川 | 〒761－8063　高松市花ノ宮町２－４－３　香川職業能力開発促進センター内 | 087-867-6855 |
| 愛媛 | 〒791－8044　松山市西垣生町2184　愛媛職業能力開発促進センター内 | 089-972-0325 |
| 高知 | 〒781－8010　高知市桟橋通４－15－68　高知職業能力開発促進センター内 | 088-833-1085 |
| 福岡 | 〒810－0042　福岡市中央区赤坂１－10－17　しんくみ赤坂ビル６階 | 092-718-1310 |
| 佐賀 | 〒849－0911　佐賀市兵庫町若宮1042－２　佐賀職業能力開発促進センター内 | 0952-26-9497 |
| 長崎 | 〒854－0062　諫早市小船越町1113　長崎職業能力開発促進センター内 | 0957-22-5471 |
| 熊本 | 〒861－1102　合志市大字須屋2505－３　熊本職業能力開発促進センター内 | 096-242-0391 |
| 大分 | 〒870－0131　大分市皆春1483－１　大分職業能力開発促進センター内 | 097-522-2171 |
| 宮崎 | 〒880－0916　宮崎市大字恒久4241　宮崎職業能力開発促進センター内 | 0985-51-1511 |
| 鹿児島 | 〒890－0068　鹿児島市東郡元町14－３　鹿児島職業能力開発促進センター内 | 099-254-3752 |
| 沖縄 | 〒900－0006　那覇市おもろまち１－３－25 | 098-941-3301 |

## 労働条件等関係助成金に関する主な問い合わせ先一覧（2023年4月現在）

| 都道府県労働局の主なお問い合わせ先 | | 電話番号 |
|---|---|---|
| 北海道 | 雇用環境・均等部企画課 | 011-788-7874 |
| 青森県 | 雇用環境・均等室 | 017-734-4211 |
| 岩手県 | 雇用環境・均等室 | 019-604-3010 |
| 宮城県 | 雇用環境・均等室 | 022-299-8834・8844 |
| 秋田県 | 雇用環境・均等室 | 018-862-6684 |
| 山形県 | 雇用環境・均等室 | 023-624-8228 |
| 福島県 | 雇用環境・均等室 | 024-536-2777 |
| 茨城県 | 雇用環境・均等室 | 029-277-8294 |
| 栃木県 | 雇用環境・均等室 | 028-633-2795 |
| 群馬県 | 雇用環境・均等室 | 027-896-4739 |
| 埼玉県 | 雇用環境・均等部 | 048-600-6210 |
| 千葉県 | 雇用環境・均等室 | 043-221-2307 |
| 東京都 | 雇用環境・均等部 | 03-6893-1100 |
| 神奈川県 | 雇用環境・均等部 | 045-211-7357 |
| 新潟県 | 雇用環境・均等室 | 025-288-3527 |
| 富山県 | 雇用環境・均等室 | 076-432-2740 |
| 石川県 | 雇用環境・均等室 | 076-265-4429 |
| 福井県 | 雇用環境・均等室 | 0776-22-0221 |
| 山梨県 | 雇用環境・均等室 | 055-225-2851 |
| 長野県 | 雇用環境・均等室 | 026-223-0560 |
| 岐阜県 | 雇用環境・均等室 | 058-245-1550 |
| 静岡県 | 雇用環境・均等室 | 054-252-5310 |
| 愛知県 | 雇用環境・均等部企画課（助成金担当） | 052-857-0313 |
| 三重県 | 雇用環境・均等室企画担当 | 059-261-2978 |

| 都道府県労働局の主なお問い合わせ先 | | 電話番号 |
|---|---|---|
| 滋賀県 | 雇用環境・均等室 | 077-523-1190 |
| 京都府 | 雇用環境・均等室 | 075-241-3212 |
| 大阪府 | 雇用環境・均等部企画課 | 06-6941-4630 |
| 兵庫県 | 雇用環境・均等部企画課 | 078-367-0700 |
| 奈良県 | 雇用環境・均等室 | 0742-32-0210 |
| 和歌山県 | 雇用均等室 | 073-488-1170 |
| 鳥取県 | 雇用環境・均等室企画担当 | 0857-29-1701 |
| 島根県 | 雇用環境・均等室 | 0852-20-7007 |
| 岡山県 | 雇用環境・均等室 | 086-224-7639 |
| 広島県 | 雇用環境・均等室 | 082-221-9247 |
| 山口県 | 雇用環境・均等室 | 083-995-0390 |
| 徳島県 | 雇用環境・均等室 | 088-652-2718 |
| 香川県 | 雇用環境・均等室 | 087-811-8924 |
| 愛媛県 | 雇用環境・均等室 | 089-935-5222 |
| 高知県 | 雇用環境・均等室 | 088-885-6041 |
| 福岡県 | 雇用環境・均等部企画課 | 092-411-4717 |
| 佐賀県 | 雇用環境・均等室 | 0952-32-7218 |
| 長崎県 | 雇用環境・均等室 | 095-801-0050 |
| 熊本県 | 雇用環境・均等室 | 096-352-3865 |
| 大分県 | 雇用環境・均等室 | 097-532-0110 |
| 宮崎県 | 雇用環境・均等室 | 0985-38-8821 |
| 鹿児島県 | 雇用環境・均等室企画担当 | 099-222-8446 |
| 沖縄県 | 雇用環境・均等室 | 098-868-4403 |

| その他のお問い合わせ先 | 電話番号 |
|---|---|
| テレワークに関するご相談 | |
| テレワーク相談センター | 0120-861009 |
| 産業保健関係助成金 | |
| （独）労働者健康安全機構<br>　勤労者医療・産業保健部<br>　産業保健業務指導課<br>　全国統一ナビダイヤル | 0570-78-3046 |

| その他のお問い合わせ先 | 電話番号 |
|---|---|
| 中小企業退職金共済制度に係る新規加入等掛金助成 | |
| Ⅰ 一般の中小企業退職金共済制度に係る掛金助成 | |
| （独）勤労者退職金共済機構<br>　中小企業退職金共済<br>　事業本部 | 03-6907-1234 |

| その他のお問い合わせ先 | 電話番号 |
|---|---|
| Ⅱ建設業退職金共済制度に係る掛金助成 | |
| （独）勤労者退職金共済機構<br>　建設業退職金共済事業本部<br>　企画調整課 | 03-6731-2831 |
| Ⅲ清酒製造業退職金共済制度に係る掛金助成 | |

| その他のお問い合わせ先 | 電話番号 |
|---|---|
| （独）勤労者退職金共済機構<br>　清酒製造業退職金共済<br>　事業本部 | 03-6731-2887 |
| Ⅳ林業退職金共済制度に係る掛金助成 | |
| （独）勤労者退職金共済機構<br>　林業退職金共済事業本部 | 03-6731-2887 |

※ 「産業保健関係助成金」「既存不適合機械等更新支援補助金」「エイジフレンドリー補助金」「被ばく線量低減設備改修等補助金」「中小企業退職金共済制度に係る新規加入等掛金助成」のお問い合わせ先は、都道府県労働局ではなく上記の「その他のお問い合わせ先」となっておりますのでご注意ください。

**参考　えるぼし認定**

　えるぼし認定は、厚生労働省が定める5つの基準（採用、継続就業、労働時間等の働き方、管理職比率、多様なキャリアコース）のうち、評価項目を満たす項目数に応じて4段階で評価し、厚生労働大臣が認定するもので、商品・広告・名刺等のPR、公共調達の加点評価等が受けられます。

**えるぼし認定**

〈1段階目〉　　〈2段階目〉　　〈3段階目〉　　プラチナえるぼし

（出所：厚生労働省）

# 第5章

## 補助金の
## 採択例・不採択例

# 1 小規模事業者持続化補助金・ものづくり補助金・事業再構築補助金の採択例

　補助金を受給するためには、「採択」という大きなハードルがあります。何度もチャレンジしてやっと採択された例も珍しくありません。

　では、どうすれば採択されるでしょうか?　実際に採択された事業には、この大きなハードルを越えるヒントが満載です。そこで、補助金の採択状況と採択例を見てみましょう。

## 小規模事業者持続化補助金

| 公募年度 | 採択率 | 採択数 | 申請数 |
|---|---|---|---|
| 令和元年度補正予算・令和3年度補正予算（第11回） | 58.9% | 6,498件 | 11,030件 |
| 令和元年度補正予算・令和3年度補正予算（第10回） | 63.4% | 6,248件 | 9,844件 |
| 令和元年度補正予算・令和3年度補正予算　一般型（第9回） | 64.0% | 7,344件 | 11,467件 |

## 採 択 例

◎タブレット型セルフオーダーシステムの導入

◎商品カタログDX化

◎新サービス「マイカー出張点検サービス」周知のための販促物の作成と活動

◎国道沿いの店舗前看板の設置

◎スマートフォン対応のＨＰ作成

◎ポスティングチラシや広報チラシの作製

◎動画コンテンツ（英語版）の導入　　など

## ものづくり補助金「ものづくり・商業・サービス生産性向上促進補助金」

### 一般型・グローバル展開型

| 公募年度 | 採択率 | 採択数 | 申請数 |
|---|---|---|---|
| 令和元年度補正予算・令和3年度補正予算（12次）全体 | 58.5% | 1,907者 | 3,256者 |
| 内訳　通常枠 | 58.9% | 1,270者 | 2,154者 |
| 回復型賃上げ・雇用拡大枠 | 58.6% | 85者 | 145者 |
| デジタル枠 | 58.9% | 463者 | 786者 |
| グリーン枠 | 58.2% | 67者 | 115者 |
| グローバル展開枠 | 39.2% | 22者 | 56者 |
| 令和元年度補正予算・令和3年度補正予算（11次）全体 | 59.3% | 2,817者 | 4,744者 |
| 内訳　通常枠 | 56.5% | 1,834者 | 3,243者 |
| 回復型賃上げ・雇用拡大枠 | 66.5% | 151者 | 227者 |
| デジタル枠 | 66.9% | 694者 | 1,037者 |
| グリーン枠 | 66.4% | 107者 | 161者 |
| グローバル展開枠 | 40.7% | 31者 | 76者 |

### ビジネスモデル構築型

| 公募年度 | 採択率 | 採択数 | 申請数 |
|---|---|---|---|
| 令和元年度補正予算（4次） | 27.9% | 12者 | 43者 |
| 令和元年度補正予算（3次） | 31.7% | 13者 | 41者 |

◎飲食店向け！消費者のスマホが電子メニューになるクラウドサービスの展開

◎歯科用ＣＴを用いた安心、安全な親知らず移植治療

◎バイオ技術を用い、汚染された土をその場で浄化するサービス提供など

## 事業計画書作成上のポイント

（例）

・専門性・新規性の高い技術を分かりやすく説明

・ページ数・審査項目を意識しながら、表などを使いできるだけコンパクトに記載

・専門知識や専門用語を避け、できるだけ分かりやすい言葉で記述

・専門性の高いものについては、必ず注釈などをつける

・事業化に向けての市場性を記載

（出所：ミラサポplusをもとに作成）

## 事業再構築補助金

| 公募年度 | 採択率 | 採択数 | 申請数 |
|---|---|---|---|
| 令和２年度第３次補正予算・令和３年度補正・令和４年度予備費 （第８回）全体 | 51.27% | 6,456件 | 12,591件 |
| 内訳　通常枠 | 49.05% | 3,562件 | 7,261件 |
| 大規模賃金引上枠 | 50.00% | 4件 | 8件 |
| 回復・再生応援枠 | 57.75% | 879件 | 1,522件 |
| 最低賃金枠 | 70.90% | 117件 | 165件 |

| | | | | |
|---|---|---|---|---|
| グリーン成長枠 | 39.86% | 173件 | 434件 |
| 緊急対策枠 | 53.76% | 1,721件 | 3,201件 |
| 令和2年度第3次補正予算・令和3年度補正・令和4年度予備費 （第7回）全体 | 51.18% | 7,745件 | 15,132件 |
| 内訳　通常枠 | 47.37% | 4,402件 | 9,292件 |
| 大規模賃金引上枠 | 45.45% | 5件 | 11件 |
| 回復・再生応援枠 | 62.40% | 1,338件 | 2,144件 |
| 最低賃金枠 | 80.86% | 131件 | 162件 |
| グリーン成長枠 | 39.96% | 217件 | 543件 |
| 緊急対策枠 | 55.43% | 1,652件 | 2,980件 |

事業再構築補助金の採択例

## ■地域の生産者と連携したマルシェに新分野展開して事業再構築

最先端技術活用で、高収益かつ人と環境に優しい店舗に

## ■超小型衛星の運用システムを開発して事業再構築

秒速 8 km で移動する機体を制御し、撮りたい画像を撮影

## ■広告配信が可能なスマート自動販売機を開発して事業再構築

「PR・集客・収益」の新たな機会を小売店や商業施設等に提供

(出所：事業再構築補助金事務局)

# 2 不採択事例

　補助金には「採択」という「自社だからこそ、選ばれる」ためのハードルがあります。そこで、補助金の不採択事例をもとに採択率アップのヒントを考えてみましょう。

## 不採択の主な理由

　不採択の理由は、主に次の2つに区分されます（ミラサポから筆者作成）。

### ▶補助対象要件に合致していない例

　申請内容　食品製造に関して、手作りから機械化するための素材加工と成形機の設備投資を行う。

　問題点　ものづくり基盤技術高度化指針との関係が説明できていない。

　改善ポイント　本試作の重要なポイントである素材発酵技術を高度化指針に則った開発計画であることを明記する。

### ▶具体的な取組み内容が記載されていない例

　申請内容　外注していた測定検査業務を内製化することで時間ロスを低減し、短納期要求に応える体制を構築する。

　問題点　ターゲットとする市場、課題解決の方法、どのような素材・加工に対する検査を行うか等、具体的な記載が一切ない。そのため、事業計画の内容が不明確。

　改善ポイント　審査項目との関連を意識して、市場の分析、取組みの背景、必要とする設備、事業効果を定量的に記載。必要に応じて図表や写真等を用いて具体的かつ詳細に記述する。

▼申請書のポイント　"選ばれる"ためのわが社の強み・差別化を見える化していく

①申請書は分かりやすく・見やすく！

　　何千もの申請書を見る、審査員の気持ちになってみましょう。補助対象要件を確認し、要件に当てはまることを申請書に分かりやすく記述します。

②公募要領は採択のための条件（事業計画と合っていることは最低条件）

　　公募要領を熟読し事業計画全体を見直します。不明な点は早目に事務局や認定支援機関へ相談しましょう。

③審査項目を意識する

　　具体的な取組み内容について、現状の課題や事業の効果を詳細に記述します。

▶事業計画の主な注意点

　　☑　事業を遂行する社内体制が構築できているか？

　　☑　技術的な能力を有しているか？

　　☑　ターゲットとする市場の分析ができているか？

　　☑　現状の課題把握が明確になっているか？

　　☑　課題に対する解決方法は明確かつ妥当であるか？

　　☑　事業化に至るまでの遂行方法・スケジュールは妥当であるか？

　　☑　事業の費用対効果を数値化しているか？

経営計画書作成上のポイント

（例）

1．企業概要

　実績、固定ファンの存在などを記載し、十分に店舗能力があること

を強調

2．顧客ニーズと市場の動向

　市場データを利用し、直販所のマーケット拡大を示し、将来的な成長可能性を記載

3．自社や自社の提供する商品・サービスの強み

　反響、通販での実績などを記載

4．経営方針・目標と今後のプラン

　利益率の高い部門の強化、新規顧客獲得の明確化

（出所：ミラサポplusをもとに作成）

▶申請は自社でするか、支援を受けるか

　申請には、専門家（認定経営革新等支援機関）の支援を受けるという選択肢もあります。

　認定経営革新等支援機関とは、国が認定する公的な支援機関で、商工会議所や商工会、金融機関、税理士、公認会計士、弁護士、中小企業診断士等が認定されており経営課題解決のための支援を行っています。

経営革新等支援機関認定一覧（https://www.chusho.meti.go.jp/keiei/kakushin/nintei/kikan.htm）

**COLUMN** 事業承継

　日本の企業数の約99%（小規模事業者は約85%）、従業員数の約69%（小規模事業者は約22%）を占める中小企業は、地域経済社会を支える重要な存在であり、かつ、雇用の受け皿として極めて重要な担い手という役割も果たしています。

　創業・起業で新たな一つの事業が生まれ、発展し、承継という節目を迎えます。もし、次世代へスムーズにバトンが渡せなければ、事業を支えてきた経営者、従業員や家族、取引先にも多大な影響を与えることになります。それに加えて、何十年と築き上げてきた信用、技術、ノウハウを一瞬でなくしてしまうこともあり得ます。

　円滑な承継は、雇用の確保のみならず、技術やのれんも守り、自社の優れた技術・技能・人材を次世代に伝えていく大事な取組みです。

【事業承継の課題】

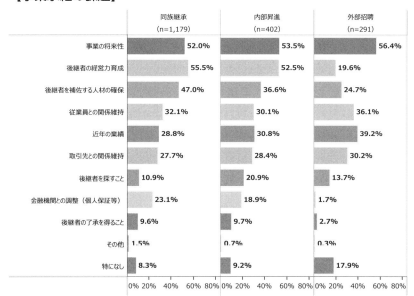

資料：（株）東京商工リサーチ「中小企業の財務・経営及び事業承継に関するアンケート」
（注）1.後継者への承継方法は、（株）東京商工リサーチが保有するデータのうち、後継者「有」としている企業情報を集計している。同族継承は現経営者の親族への承継、内部昇進は社内の役員や従業員への承継、外部招へいは外部の第三者への承継を指す。
2.複数回答のため、合計は必ずしも100%にならない。

（出所：中小企業庁　2021年版中小企業白書）

■事業承継・引継ぎ支援センター

　承継は一日ではできません。後継者や親族内承継が難しい場合には、引継ぎ支援を活用する方法もあります。

　M＆A等の事業引継ぎ支援のために、親族内承継支援を行う「事業承継ネットワーク」を統合し、中小企業者等の円滑な事業承継・引継ぎ促進のため、事業承継診断に基づく支援ニーズの掘り起こしや、事業承継計画の策定、譲渡・譲受事業者間のマッチング等の支援をワンストップで行っています（https://shoukei.smrj.go.jp）。

[著者]

# 中島 典子（なかじま・のりこ）

税理士・社会保険労務士・CFP
ビジネス数学インストラクター・キャッシュフローコーチ
生命保険協会認定FP・住宅ローンアドバイザー
中島典子税理士事務所　なかじま社会保険労務士事務所代表

大手外資系会計事務所の税務部門を経て独立。
オーナー経営者や起業家への財産コンサルティング、税務会計支援から資産形成・相続事業承継までのトータルサポート業務を行う。
数字に強い経営者・後継者育成研修、子どもからシニアまでの金融経済教育で活動中

主な著書
『いまからはじめる相続対策』共著（日本実業出版社）
『金持ち定年、貧乏定年』共著（実務教育出版）
『インボイスにそなえる本』監修（宝島社）
『ＦＰ技能士１級　重要過去問スピード攻略』共著（成美堂出版）
『年金・保険・相続・贈与・遺言　きほんの「キ」』共著（講談社＋α文庫）
他監修等多数

中島典子税理士事務所　認定経営革新等支援機関・Ｍ＆Ａ支援機関
〒150-0012　東京都渋谷区広尾1-7-26-100
URL：https://tax-money.jp

## ［令和5年度版］会社が知っておきたい
## 補助金・助成金の活用＆申請ガイド

令和5年6月14日　初版印刷
令和5年6月30日　初版発行

┌─────────┐
│ 不　　許 │
│ 複　　製 │
└─────────┘

著　著　　中　島　典　子

（一財）大蔵財務協会　理事長
発行者　　木　村　幸　俊

発行所　　一般財団法人　大 蔵 財 務 協 会
〔郵便番号　130-8585〕
東京都墨田区東駒形1丁目14番1号
（販　売　部）TEL03（3829）4141・FAX03（3829）4001
（出版編集部）TEL03（3829）4142・FAX03（3829）4005
http://www.zaikyo.or.jp

印刷　恵友社

乱丁・落丁の場合はお取替えいたします。
ISBN978-4-7547-3108-3